众创空间与大学生创业研究

王东亮　刘志欣　著

北京工业大学出版社

图书在版编目（CIP）数据

众创空间与大学生创业研究 / 王东亮，刘志欣著
. — 北京 ：北京工业大学出版社，2024.1重印
ISBN 978-7-5639-7001-8

Ⅰ. ①众… Ⅱ. ①王… ②刘… Ⅲ. ①大学生－创业
－研究 Ⅳ. ①G647.38

中国版本图书馆CIP数据核字（2019）第225586号

众创空间与大学生创业研究

著　　者：王东亮　刘志欣
责任编辑：李　艳
封面设计：点墨轩阁
出版发行：北京工业大学出版社
（北京市朝阳区平乐园100号　邮编：100124）
010-67391722（传真）　bgdcbs@sina.com
经销单位：全国各地新华书店
承印单位：三河市元兴印务有限公司
开　　本：710毫米×1000毫米　1/16
印　　张：10.75
字　　数：215千字
版　　次：2021年10月第1版
印　　次：2024年1月第3次印刷
标准书号：ISBN 978-7-5639-7001-8
定　　价：45.00元

前　言

随着社会经济的快速发展，创新创业已经成为一个时代的特征，大学生创业教育越来越受到国家及相关部门的重视，特别是“众创空间”理论的提出为高等院校开展大学生创业教育带来了新的发展契机。众创空间理论的提出和发展给高校创业教育提出了更高要求，高校需要不断革新创业教育模式来适应当前大众创业、万众创新的时代发展趋势。

众创空间在我国发展越来越成熟，高校开展创业教育必须满足众创空间发展的需求，改革创业教育模式。众创空间是高校创业教育开展的依托和平台，众创空间可以引领高校创业教育、为高校创业教育提供动力，高校必须制定针对性的举措来推动大学生创新创业教育的发展，促进创业教育模式改革，实现大学生创业能力的提高。

本书首先对众创空间的相关理论及发展历程进行了梳理，在“众创空间”视域下研究了大学生创业教育的现状；然后分析了大学生创新创业教育以及大学生创业素质，同时对大学生创业教育的保障进行了探究；最后重点对我国当代大学生创业精神培育进行了分析，立足于传统教育，大力开展适应“众创空间”的教师队伍和教育机制建设，进行资源整合，将创业教育和“众创空间”建设相融合，拓展高校创业教育的广度和深度。

在撰写本书过程中，笔者倾注了大量心血和汗水，力求尽可能地反映教学改革的科研成果和最新动态，也力求在先进性、科学性、针对性、实用性方面实现统一，但由于水平有限，书中难免有不足之处，望广大读者批评指正。

目 录

第一章　众创空间基本概述

第一节　创客与创客运动

一、创客的含义

“创客”一词来源于国外，是英文单词“Maker”的译词，创客就是那些不追求经济利益，热衷于实现各种创意的人。创客从不过于看重创意的经济价值，喜欢独立工作，对创新极度热爱，把实现创意当作自身的价值追求。个人制造实验室（Fab Lab，由麻省理工学院比特和原子研究中心发起）是创客的起源地，这里最早产生了“众创空间”。所谓众创空间就是一个社交平台，创客们可以在这个平台上交流互动，如交换创意思路、相互帮助、交友等。

二、创客运动兴起的社会背景

（一）创客：“个人制造”与“创新民主化”

克里斯·安德森（原《连线》杂志主编）在自己的畅销书《创客：新工业革命》一书中提出，创客运动开篇于2005年《爱上制作》杂志的出版及创客博览会的举办。在2007年以后，3D打印等桌面制造技术的成熟和普及，对创客运动的发展具有里程碑式的意义。创客产生于“个人制造”技术发展成熟的背景下。创客不仅具有自己动手制作（Do It Yourself，DIY）的传统特点，同时还充分利用互联网等资源。首先，创客运动延续了DIY的传统精神，正如安德森所说：“我们都是创客，生来如此”。其次，互联网技术的加入使得DIY更具分享性，导致“创新民主化”现象出现。克里斯·安德森对21世纪身为创客的自己和20世纪30年代的发明家祖父进行了对比研究，发现两者最大的不同之处在于：21世纪的网络技术和工具极大促进了创新活动进行，同时提供了交流、展示平台。21世纪创客文化和创客运动的重要原则就是开源和共享。

创客运动的核心精髓在于“创新民主化”（人人都是创客）和“个人制造”。“新工业革命”就是要发展人人参与的虚拟制造业，然后在此基础上实现再工业化。自 2011 年开始，创客文化在全球范围内发展起来，吸引了美国政府的注意。2014 年 6 月 18 日，美国白宫主持举办了创客嘉年华（Maker Faire），在活动上前总统奥巴马宣布了白宫主导推动创客运动的措施，同时把每年 6 月 18 日定为“美国国家创客日”（National Day of Making）。

在如火如荼、迅猛发展的创客运动背后，人们看到的是制造业近一个世纪来的巨大变迁。最初是机器化大生产的“福特主义”，之后是个性化定制为标志的“后福特主义”，最后是当前突出个人制造的“创客运动”，随着网络技术的进步，工业社会向后工业社会、信息社会、网络社会转变。回顾历史可以加深人们对创客背景的理解。

（二）福特主义与后福特主义：垂直型组织与水平型组织

“福特主义”时期的典型生产组织方式以“黑色 T 型轿车的大规模生产流水线”为例，“福特主义”典型的消费模式代表是亨利·福特“让每一个家庭拥有一辆黑色的 T 型轿车”的愿望。福特主义的特征是大规模的标准化产品消费和程式化制造。对福特主义的生产方式及生产关系进行分析，其特点如下：“第一，以生产机械化、自动化和标准化形成的流水线作业及其相应的工作组织，通过大规模生产极大地提高了标准化产品的劳动生产率；第二，劳资之间通过集体谈判所形成的工资增长与生产率联系机制诱发了大规模消费，促进了大规模生产的进一步发展；第三，资本家之间的垄断竞争格局使生产建立在对未来计划的基础之上。”在福特主义工业化生产的过程中，泰勒主义学管理原理的广泛应用将劳动、设备、作业单元、产品、服务及质量控制都进行了标准化。另一种与之相对应的是垂直型组织，即在工业生产中应用韦伯提出的“理想型”科层制组织理论。科层制组织不同于其他组织的特点如下：“它有非常严格的规章制度和等级制度；权力和职位相关联，并且是非人格化的；它是理性组织，通过规章制度来提高效率。”在垂直型的组织中，一方面，生产者充分利用泰勒科学管理原理对劳动分工进行优化，实现生产标准化的手段主要是下达生产指令、制定生产目标等；另一方面，生产者加强生产的内部化程度，以制定出更高的壁垒阻止其他人的进入，形成垄断，使大生产商可以控制产品定价，其主要手段是通过固定程序、固定流水线及固定供应链来生产固定产品。吴军博士归纳总结了泰勒的管理理论，一是人性化的管理，二是效率优先，三是可预测性，四是同构的树状组织结构。这种管理方式可以有效地与以牛顿力学为基础的工业时代机器思维相匹配，在管理者看来，任何目标都可以进行拆分，同时也可以进行标准化生产。在生产的过程中，泰勒希望可以通过“积极性加刺激性”来促进劳动者和资本家向生产目标靠近，改变降低生产成本的传统方式，如剥削、怠工等；但是，在实际生产中，工人长期固定在特定的工作岗位上，被机器所异化，变成机器的一部分。卓别林在《摩登时代》中就对这种生产生活方式进行了讽刺。

由于受到生产方式和消费方式变化的影响，从20世纪70年代开始，“福特主义”不得不进行调整。首先，福特主义生产方式逐渐在全球普及，发达国家不再享有价格方面的优势；其次，第三次工业革命促进了信息技术、电子技术等先进技术的发展成熟，极大改变了人们的生产生活方式。福特主义垂直型的生产组织导致生产企业等级分化现象严重，劳动分工等级明显，科学规划劳动过程对提高劳动效率的作用逐渐降低；产品增多导致市场饱和、消费模式更加丰富，福特主义传统大规模生产的优势逐渐消失，标准化产品、长生产周期等吸引力减小，企业获取利润更加困难。

福特主义企业生产组织可以通过两种方式应对这一问题，第一种，调整工资制度，降低工人的收入水平，从而减少成本，保证利润；第二种方法是优化劳动过程，提高生产效率。第一种方式经过英美国家的自由经济理论的实践逐渐发展为“新福特主义”，主要措施是降低国家与社会对企业经济活动的干预程度，削弱工人组织的权利，建立弹性更加丰富的劳动市场。这样一来，不仅可以降低工人工资，使劳动力这一要素的成本减少，而且还可以通过政府减少税收，节约税务成本，最终达到提高企业利润，保持竞争优势的目的。但是这种方法不能解决根本问题。“后福特主义”更加在意市场的个性化需求情况，对市场进行详细分析，针对特定的目标需求，设计制造相应的产品，满足不同的个性化需求。

后福特主义具有“持续的产品／工艺创新；终身雇佣的具备高技能和高归属感的工人；对剩余的折中分配；企业组织通过多级分包网络来利用市场、产品和技术信息，并保持分包商之间的竞争；制造业、银行和国家分担技术创新的长期战略”等特点。为了尽快满足市场的需求，后福特主义更多地使用了“精益生产”“弹性专业化”等方法，产品和工艺创新及更新换代更加频繁。“精益生产”主要是指大企业作为核心精简生产流程，多层分包；“弹性专业化”是指中小企业建立的动态分工网络。这两种方式打破了福特主义的内部化企业组织模式，促使企业从垂直型组织向水平型组织转变。水平型的组织模式不仅在企业内部得到了体现和应用，如出现企业轮岗制度等，同时在不同企业之间也得到了一定程度的应用，如不同企业之间进行分工合作，将部分工作外包给相关企业，企业之间相互帮助完成生产。

总的来说，福特主义向后福特主义转型是因为受到技术和市场发展变化的影响，相应地，定制化生产取代了大规模生产，弹性生产方式取代了标准化生产，垂直型组织转变为水平型组织。

（三）后工业社会：知识中轴

在福特主义生产逐渐转变成后福特主义的进程中，生产组织的形式逐渐从垂直型科层制结构向水平型分包制结构转变。第三次科学技术革命开始后，信息技术、电子技术等先进技术逐渐发展成熟，推动了工业社会向后工业社会、信息社会转型。在这一背景下，“创客”这一新兴群体逐渐发展起来。下面对后工业社会的理论进行简单介绍。当丹尼尔·贝尔的《后工业社会的来临》发表之后，除了有关工业社会的经典社会理论以外，社会学界理解当代社会的向度又多了一个。在丹尼尔·贝尔看来“‘后工业社会’的概念强调理论知识的中心地位是组织新技术、经济增长和社会阶层的一个中轴。”这也就是说，理论知识在社会全体成员中的分布情况影响社会的发展。在贝尔看来，后工业社会和前工业社会、工业社会之间的差异就在于他们之间的“意图”不同。

前工业社会资源主要通过采掘工业获得，生产率低，受报酬递减律影响，其“意图”是“同自然界竞争”；在工业社会中，人与机器之间的关系成为中心，工业社会利用能源对自然环境进行改造，变为技术环境，其“意图”为“与经过加工的自然竞争”；在后工业社会里，智能技术与传统机械技术并重，信息化技术发展迅速，其“意图”表现为“人与人之间的竞争”。

后工业社会的发展是由“大脑与大脑之间的竞争”所主导的。贝尔对“后工业社会”进行了预测：在经济方面，制造业向服务业转移；在技术方面，把科学作为基础的新工业成为后工业社会的中心，专业技术人员的地位提高成为主导；在社会学方面，它是新技术权贵的兴起和新阶层原则的开始。在今天看来，这些预测有的已经实现，还有一部分已经出现征兆。

著名的管理学家彼得·德鲁克提出了“后资本主义社会”的概念，在他看来，知识是“后资本主义社会”中最关键的资源，“知识工作者”和“服务工作者”成为社会的主导阶级。这样的社会是一个“组织社会”，换句话说，“人们唯有通过组织，他们的才能才得以施展”。“后资本主义社会”又被称之为“没有资本家的资本主义社会”。其原因是知识工作者与资本主义时期的受雇者不同，虽然他们都受雇于某一组织，但是知识工作者掌握有专业知识或理论知识，在拥有生产资料的同时，还拥有生产工具。不仅如此，知识工作者对组织的要求更高，“薪水再也买不到员工忠诚了。未来的组织必须向知识员工证明，组织能够给他们提供最好的发挥机会”。

吉登斯的研究结论证实了彼得·德鲁克的观点，他在对欧盟 15 国经济进行分析后，将其总结归纳为“知识 / 服务经济”。欧盟国家 IT 技术方面高水平资格条件的工作岗位（使用苹果电脑，即 Apple Mac 的工作）所占的比例从 1995 年的 20% 上升到 2004 年的 24%。与此同时，使用更加程式化的“巨无霸电脑”（Big Mac）进行工作的人也增加了很多。虽然阶层分化比较明显，但是并没有导致行为方面的分化。“在选择生活方式上，现在大多数人享有比先辈们更加充分的自由”，吉登斯把这种现象称为“日常生活的民主化”。

综上所述，专业知识和理论知识在后工业社会中起主导作用，后工业社会是“大脑与大脑之间的竞争”；资本在后工业社会和后资本主义社会中仍然是重要的“能源”，但资本家不再是主导者；组织不再束缚才能，成为人们施展才能的主要途径。

第二节　众创空间的概念与构建

一、众创空间的相关概念解析

（一）传统孵化器

在共创空间的相关概念之中，“孵化器”一词十分常见，其可以为创办之初的企业提供资金、管理等方面的便利条件，对现阶段的科研成果、创业企业等进行培育，提高社会创业的成功率。不同的国家和地区对“孵化”有不同的称呼，比较常见的说法有企业孵化器（Business Incubator）、技术孵化器（Technology Incubator）、孵化中心（Incubator Center）、创新中心（Innovation Center），除此之外还有一些称为科技园区、研究园区等，我国一般叫作高新技术创新服务中心。总的来说，不同的人对孵化器有不同的认识，学者在概括上各抒己见，主要有以下几类。

德国学者克里斯特（H. Krist）指出，创新中心之所以能够聚集起大量的初创企业，是因为其能够为企业发展或成长提供良好的环境，突出表现为“内生型地区的发展战略”。典型的例子是技术型创新企业集聚、发展。在美国企业孵化器协会看来，孵化器的作用就是在企业创办之初即最艰难的时候提供专业技术、信息、公共资源网络等各种支持和帮助，保障创新企业健康成长，促进地方经济繁荣发展。著名学者罗斯顿·拉卡卡（Rustam Lakaka）认为，孵化器的作用是为初创企业提供一个支持环境，其主要表现为一种人为的可控环境。在这种特殊的环境条件下，人们有选择性地帮助、支持一些前景好的初创企业，政府部门在企业成立的初期一般会提供一些政策等方面的支持，经过几年时间的发展，企业可以独立进行运营。

我国的学者对孵化器也进行了较为深入的研究，在李志能眼中，能够为企业创办、发展提供理论、管理、资源等各种支持和帮助的手段及形式都可以称之为科技企业孵化器。孵化器所提供的帮助必须能够帮助创办者和企业在公司创办之初顺利运行，保证核心技术、资源等的安全，使公司能够得到不同类型的系统帮助。张景安则认为，孵化器必须能帮助企业在技术、管理等不同方面取得突破，进行创新，实现各要素之间的互动、融合，形成促进企业发展的动力，推动企业长远健康发展。

综上所述，国内学者在传统孵化器的理解和认识上大同小异，总结起来大致有以下几方面：孵化器为新创办的企业提供管理、技术、资金等各种主要的必备资源要素，主要起协调和促进的作用。不同于传统的经济组织形式，孵化器的性质介于企业和市场之间，为产品的研发、生产、销售等提供平台，还包括网络、设备等设施。与此同时，孵化器具有十分全面的推广系统，能够提供政策咨询、员工培训及融资等，有效降低了企业创办初期的成本和风险，为企业创办成功提供了保障，为社会增加了就业平台，实现了人才、技术、资金、设备等资源的融合，为企业的创立、发展提供了一个良好的环境和平台。

（二）新型孵化器

随着互联网技术的发展和进步，创业载体与过去有了很大不同，孵化器自然也随之发生变化，新型孵化器在国际上被称为种子加速器（Seed accelerator）。

新型孵化器具有多元化的发展模式，为创新创业提供平台的有创新工场、创客空间、创业咖啡等不同的实体空间，其可以为创业人员提供工作室、生产车间、工作室、设备等各种服务平台。创业者不仅可以通过这些平台进行信息交流、资源互助，而且还能够得到平台提供的创业增值服务，主要体现在对互联网等领域的创业企业提供全方位的创新引导与服务。

随着网络技术的发展和成熟，新型孵化器越来越普遍，新兴的创业企业通常具有数据密集、软件密集和智能密集等特点，其产品开发采用迭代的模式，试错周期短。新型孵化器的运作效率和商业可行性高，从而增强了与创业空间临近企业的协同效应。新型孵化器汇聚创业资源主要通过隐性知识流动的方式进行，如创业导师、资金共享、资源流动、人脉圈等。

（三）众创空间

众创空间是继传统孵化器、新型孵化器（创新工场、创客空间等）之后的新兴产物，其意义和内涵都有了很大改变，传统孵化器更加重视对企业的孵化，创客空间的重点在个体创造和DIY制作上，新型孵化器偏重新的想法。现阶段学术界对“众创空间”的含义没有明确的界定。在刘志迎和陈青祥看来，“众创空间”顺应了当前时代发展的潮流：开放创新、大众创新。在网络时代的大背景下，市场化的发展、专业化的服务、资本化的路径等得以实现，能够为创客及初创企业提供专业的创新创业服务。王佑美、叶爱敏认为，“创客空间”这一概念是国家科技部在对北京、深圳等不同地区的孵化基地、创客空间等创新创业服务机构进行调研的基础上，进行总结和进一步提炼而得出的。张娜把“众创空间”分为广义和狭义两种，从狭义上看，众创空间是创客空间和技术互助平台（通过网络发布信息，创客进行交流的网络平台）的组合；从广义上看，众创空间指的是在创新2.0时代背景下，为顺应网络快速发展趋势，了解创业特征和需求，通过提供各种服务、完善市场机制和资本化操作，实现低成本、开放式创业的服务平台。

总的来说，广义上的众创空间借助社会资源为创业团队及初创企业提供了一个开放性的创业空间，该空间可以提供信息共享、资源对接、孵化等服务，创业者可以在空间内享受到便捷、低廉、系统的专业化服务，同时还可以参加空间举办的各种活动，增加与其他创业者的交流。众创空间的运行更加类似于孵化器的形式，其重点在于对初创企业的孵化，表现为“线上线下的自组织孵化器”，众创空间可被看作传统孵化器和新型孵化器的结合。狭义的众创空间是以创业苗圃为基础发展起来的，通过创客空间、创业咖啡等新型孵化器为处于创业初期阶段、还没有专业团队或刚刚组建团队的企业及创业者提供资源、信息、技术等服务平台。

二、众创空间产生的理论基础

大部分学者在对创业活动进行研究时，更为重视的是创业环境在创业活动中所产生的作用。下面从宏观、中观及微观等多个角度对创业活动进行分析，探讨理论知识对创业活动发展产生的影响，重点探讨了创业环境、创业模式及理论等在众创空间的产生和发展中所产生的影响。例如，探讨生命周期理论对创业企业的建立和发展的作用；从创业生态系统理论角度来分析研究众创空间如何促进创业企业创新，促进企业发展。

（一）众创模式的相关研究

随着信息化进程的加快，信息技术与生产技术的融合加深，制造业逐渐走向数字化。同时，现实世界与虚拟世界的联系更加紧密，不仅改变了传统的生产方式，也促使制造业的结构发生转变，在这种社会大背景下，当前日新月异的“创客运动”起到越来越重要的作用，重塑了传统制造业与创新的边界。

开放式创新的概念是由切萨布鲁夫（Chesbrough）提出的，他认为传统创新方式不能满足新环境的要求，在开放环境中，隐性知识交流增多，企业开始有意识地整合利用内外部的创新资源。在贝赞特（Bessant）看来，创新并不是研发人员独有的权利，每个人都可以进行创新。但当时的学者对全员创新的研究停留在创新民主化这一阶段，并没有将全员创新研究定位到社会大众身上。安德森（Anderson）认为，随着创新的不断发展和进步，创新主体逐渐发展到普通群众身上，普通人开始发挥“长尾效应”。

网络技术的不断发展给普通大众进行创新提供了便利条件，创新实践模式获得了极大的发展。“大众协作创新”这一概念是赵夫增、丁雪伟在研究网络技术的进程中提出的，企业用户、员工、人民群众成为企业发起的大众协作创新的三类主体，这三类主体都具有非组织化的特点，因此，在利用互联网平台进行合作创新的过程中，三者之间的边界逐渐模糊。在宋刚看来，随着信息通信技术的快速发展，知识社会也加快了形成的步伐，知识社会的流体特征促进了创新民主化的发展进程，开放式的创新形式逐渐代替了传统的封闭实验室创新的形式，实验室与创新活动之间的界限更加模糊。

（二）创业活动产生的相关研究

创业环境是创业团队所处的周边软环境，好的创业氛围有利于促进创业活动的开展。韦恩（Ven）认为企业与周边环境的相互作用促进了创业企业的成熟与发展。很多学者对创业环境的理解如下。

创业环境要素包括必要性要素和支持性要素两种。必要性环境要素主要包括资本、技术、人才等各种创业不可或缺的要素；支持性环境要素主要包括社会资源、文化、制度等，主要是为创业顺利开展提供便利的环境要素。在格耶瓦里（Gnyawali）和福格尔（Fogel）的眼中，多种不同的要素影响了创业环境，主要包括创业的社会经济条件等背景，政府部门相关保障政策制度，创业者自身的技能条件，影响创业成功的资金、技术、人才、资源等要素。斯科特（Scott）认为创业环境分为政治环境、社会文化环境及经济环境三个方面。丁敏对创业环境进行研究后发现，创业所需的基本要素如资金、管理人员、消费者等，创业的保障支持要素如政府政策、社会发展趋势等都是创业环境要素。

在一些学者看来，制度环境是创业环境的主导要素，制度环境是创业环境的本质。创业的成功实现离不开制度环境的支持，制度创新不仅可以优化创业环境，同时还能够促进社会资源配置的优化，降低创业成本，减少甚至消除不利于创业成功的体制环境。认知性制度（Cognitive Institution）、规制性制度（Regulatory Institution）、规范性制度（Normative Institution）三者共同组成了制度环境。硅谷是创业和创业精神的栖息地，Rowen（2002）等在对其进行总结时提出了8个条件。《创业与地方经济发展》指出，阻碍创业的主要有金融约束、不合理的政府规制、缺乏社会和商业网络、不合理的政府规制等12个因素。

德赛（Desai）等人研究了欧洲新兴经济国家之后发现，对公平和财产权进行保护是促进创业活动开展的有效手段。萨克森尼（Saxenian）认为硅谷和128公路两地的创业活动受到了文化和制度环境的影响。李钟文等在系统性研究了硅谷之后发现，创业企业的成功不仅需要拥有专业的团队和有潜力的产品，同时，还需要稳定的资本投入和适宜创业的环境等基础条件。

创业政策是研究制度环境不可或缺的重要内容之一，创业政策的本质就是刺激创业。创业政策能够有效地降低企业在初创时所面临的不确定性。凯尼（Kayne）认为创业政策主要涉及创业共识、创业教育、资金对接、税收和规制环境、知识资本等方面，其主要集中在初创企业的出现和增长阶段。创业机会协会（AEO）立足于支持创业者和提高创业环境，提出了促进地方创业的政策，内容概括为建立创业社团、创造竞争优势、开展创业教育、提供金融支持、进行网络和基础设计建设等。创业政策受到了国内各方的高度重视，如在城市层面，各城市对创业政策都进行了一定的研究。总体上来说，我国的区域创业政策切实存在，但是尚不成熟，缺乏系统的理论研究。

创业活动离不开创业环境和创业政策，创业活动产生于二者的相互作用，在这一过程中产生了创业空间，良好的创业环境和创业政策十分重要。立足于理论和实证研究，学者们逐渐总结出两种代表性的创业环境理论：资源依赖理论和创业生态理论。接下来，本文主要从创业生态理论的角度出发，对微观层面下众创空间的创业环境、推动众创空间发展的影响因素进行分析。

（三）创业生态系统的相关研究

1. 企业生命周期理论

利用生命周期理论对创业生态系统进行研究，在不同的生命周期中，创业生态系统的发展特征各异，具有动态演化的特点。这种持续发展、不断演化的观点能够有效指导创业生态战略实施和创业生态系统构建，促进创业生态系统迈进更高的阶段。生命周期理论认为，生命周期一般包括幼稚、成长、成熟、衰退四个阶段，每个企业都有自己的生命周期。

从企业生命周期理论来看，作为产业发展的载体，众创空间对企业的形成和发展具有重要作用。在企业的出创阶段（幼稚期），生存能力弱，对外界的抵抗能力差，整体上处于学习和成长阶段，风险性高、增长不稳定、市场份额较小、管理水平不高。高新技术企业创业具有高风险、高回报的特点，对众创空间等孵化载体的需求更高，孵化载体需要为企业的发育、成长提供良好的环境和必要的条件因素，促进企业健康成长。

2. 创业生态系统理论

创业生态系统从根本上说隶属于生态学，随着学科交叉研究的范围不断扩大，对同一事物进行研究时研究视角不断创新。创业生态系统在对创业企业成长进行研究时，更加侧重创业活动产生及各层面要素间产生的影响。

创业生态系统的概念是伊森伯格(Isenberg)提出的,他从政府的角度出发,概括出创业生态系统构成的六要素：政策、市场、融资、文化、人力资本及其他方面的支持。国内对创业生态系统也进行了研究，林嵩认为，可以从宏观、中观、微观三个层次对创业生态系统进行解释，他分别从资源聚合、价值交流、平衡调节三个方面对创业生态系统的内部运营机制进行了较为深入的研究。肖勇军研究了高新科技园区内的创业生态系统，他通过建立要素模型，对科技园区内的创业生态系统中的各要素间的相互作用进行了分析研究。模型由有机体和无机体两部分组成，政府、大学科研机构、科技园区、中介机构和金融机构等是有机体；创业环境、自然环境、政治、经济及社会等构成了无机体。立足于国内外学者对创业生态系统的相关理论研究成果，戴春、倪良新把创业生态系统作为理论依据对众创空间进行了研究，将众创空间构成分为六大要素：政策、人为资本、金融、市场、文化和支持。

总的来说，本书立足于前人的研究基础，进一步细化了创业生态系统层面要素，从创业环境、服务体系、培育体系三个层面分析创业生态系统。众创空间产生和发展的基础和前提条件是创业环境，服务体系能够给创业空间提供平台和支撑，创业空间发展的保障和动力是培育体系，创业生态系统可以为众创空间的发展提供深层的理论支撑。

三、我国众创空间的构建

（一）我国创新创业文化概述

在创新引领社会进步的今天，人们常常把硅谷高科技创业精神和创业文化作为典型来表达创新的意义。硅谷在发明新技术的同时，把利用网络浏览器和文字处理程序阅读文章变为现实，这是一种创新设计和创意。从另一个角度看，仅仅实现硅谷提出的想法是我国缺乏创新力的原因。一提到中国，人们往往会想到“组装”“制造”，但是提到加利福尼亚，人们联想到的是“设计”和“创造”，例如，苹果产品是典型的由“加州设计”“中国制造”的代表，这样的现象促进了国内创新进程的加快，奠定了众创空间的发展基础。

21 世纪应该是一个创造性的世纪。在这个世纪中，创意产业、创意经济蓬勃发展，出现了创意社会，给我们的世界带来了崭新的文化视角。当代中国理应成为创造性的国家，实现从加工到生产，从制造到创造的转变，使我国呈现出崭新的精神面貌。我国要实现从中国制造（制造业）向中国创造（思想、服务、知识创新）的转变，调整经济和社会发展是重要手段。创新型经济体推动我国知识产业在全球市场不断发展，是培养高端劳动力的最终途径。

我国的创新发展需要高质量的人才支撑。创新是促进社会经济发展新战略的重要举措，这一观点在《创新改变中国》中得到了肯定。我国的创新发展离不开经济的改革转型。我国在 2001 年加入了世界贸易组织之后，官方的一些文件指出，世界经济已经从材料加工转变为了无形产品、观念、知识和服务，这些文件再三强调创新发展的重要意义。这些文件所表现出来的是我国长久以来的“低品质”生产，影响了我国创新发展在现代化文化占据主导权的国际舞台中的地位。

从 20 世纪二三十年代开始，美国和亚洲经济体之间开始了以现代化为核心的国际竞争，我国的进步体现在技术和其他民用标准的进步，西方国家更是如此。虽然我国是四大文明古国之一，但是，现如今我国的文化落后于国际标准。从中国文明和西方文明在不同历史时期的比较来看，中国文明从领先西方文明逐渐变为落后于西方文明，且差距十分巨大，这促使我国不断加快现代化进程。

在创新的发展中，我国创造力的缺乏和现代化的落后能够用文明落后来解释。但是，现代化的意义不同于以往。现代化要求公民不仅要具备民族感和世界观，同时在国际关系中还应该具有企业家思维、技术创新能力等素质。我国的技术创新和科技进步可以通过培养创造力来实现，创造力还可以使我国在全球占据经济和文化的领军地位。文明是这一发展过程中最为重要的部分，文明对我国未来的发展有十分重要的影响。

关于后工业社会、知识经济、创新知识经济理论，很多学者都对其进行了研究。20 世纪 70 年代这些理论发展起来，因此可塑性强的工人、创新者、白手起家的企业家及技术创业者成了新兴的工人阶层。这些理论呼吁公民成为文化、技术的创造者和盈利者。

（二）我国众创空间构建思想

只有当企业、群体和个人成为创新主体时，我国经济才能得到进一步的推动和发展，这是政府、产业界及学术界三者得出的共识。随着互联网、开源硬件、3D 打印技术等新技术的发展和成熟，创新门槛越来越低，普通大众得以参与创新，满足日益个性化和多样化的消费需求，促进我国经济可持续发展。

创客 2.0 模式的核心理念是“用户创新、开放创新、大众创新、协同创新”，创客 2.0 模式以用户为中心、以创客为代表，适应了从创意、设计到制造的环境发展趋势，有力促进了众创空间的形成。创新 2.0 模式在设计制造、创新创业等领域的典型是创客浪潮、众创空间。

李克强总理在 2014 年 9 月召开的夏季达沃斯论坛上第一次提出了要营造“草根创业”“大众创业”的浪潮，形成“万众创新”的局面。国务院在 2014 年 10 月发布了《国务院关于加快科技服务业发展的若干意见》；李克强总理于 2015 年 1 月对深圳柴火创客空间进行了考察；在同月的国务院常务会议上，李克强总理确定支持“众创空间”，全面推行大众创新创业政策，中央文件中首次出现“众创空间”；国家科技部在同年 2 月宣布，以“众创空间”为载体，落实各项政策、优化整合资源，打造新时期的经济发展引擎；2015 年 3 月，“大众创业、万众创新”被两会政府报告提升到我国经济保增长和经济转型的战略高度。

全国各地陆续出现各种类型的众创空间响应政策号召，如新型孵化器模式例如创客空间、创新工场、创业咖啡等的产生。借助国家自主创新示范区、国家高新技术产业开发区、大学科技园、科技企业孵化器、高校及科研单位等优势，各地发展建设了大量开放、低成本、便利化、全要素的众创空间。众创空间本质上是创业服务平台，它顺应了产业变革和科技革命发展的趋势，能够满足人们创新创业的需求。众创空间通过线上与线下、创新与创业的结合发挥功能，为创业者提供专业化服务，促进了创业过程中新技术使用、新需求开拓、新产品开发及新业态培育。

万钢（国家科技部前部长）介绍，我国各种众创空间已达 2300 多家。原有的 146 个国家高新区，11 个国家自主创新示范区及 2500 多家科技企业孵化器、加速器与众创空间相联系，形成了我国的创业服务链条。10 万多家在孵企业和 600 多家上市或挂牌企业依托众创空间发展起来，吸纳了 180 多万就业人次。71 家国家创新产业集群内企业营业总收入超过 34547 亿元。国内当前创新创业氛围良好、发展势头良好，有利于众创空间的创新发展。

四、国外孵化器案例解读

（一）国外孵化器的典型模式解读

1.YC 模式

Y Combinator（以下简称 YC）孵化器是 2005 年保罗·格雷厄姆（Paul Graham）创立的，YC 模式是传统的“天使投资 + 孵化”的模式，投资是最关键的环节，一年分为两次大规模投资创业公司。截至 2015 年共投资 842 家创业公司。直到今天，国内许多的孵化器依然将 YC 模式当作成功典范。

YC 模式的成功离不开当时的发展背景。在美国互联网泡沫破碎后，美国的消费市场和资本市场对互联网公司转变了态度，给互联网提供了一个发展机会，提供了广阔的发展市场。互联网泡沫破碎后，资本市场冷淡，创业公司的估价较平常更为低廉，YC 能够使用较少的资金在创业公司占据一定的股份比例，且当时互联网创业理论发展不成熟，创业者知识储备不足，YC 能够为创业者提供专业的培训，如提高创业者的专业能力、提供专业创业导师的辅导培训、举办各种创业交流活动、提供信息交流平台等。

2.Techstars 模式

2006 年 Techstars 成立，它是美国竞争力极强的孵化器之一，其分公司在博尔德、纽约、西雅图、波士顿等地都有分布。根据《福布斯》提供的美国创业孵化、加速器排行数据，Techstars 截至 2012 年已成功孵化企业 114 家，在孵企业 98 家，每家公司平均融资达 149 万美元。2013 年超过 600 个团队向 Techstars 提交申请，发展到 2014 年夏季超过 1000 家。

Techstars 采用导师制的孵化方式，投资金额不多，每一期能够孵化的数量较少，且每年仅举办两期。每一个初创公司的加速项目都能够得到 Techstars 所提供的由 10 名优秀投资和管理人组成的导师团队三个月的指导，都会经历“导师疯狂”时期，在此期间，创业团队和导师团队共同工作，随时汇报项目的进展状况。

更多的成功企业家因为 Techstars 的导师孵化模式关注创业，成功企业家作为经典的案例促进了初创企业的发展。创业成功的公司创始人、公司高层管理人员、风投公司的投资者等均作为导师给创业者提供指导。Techstars 每个站点城市每年都会有 2 个初创公司组成的“班级”得到培养，直至“毕业”。在这个基础上建立起来的“校友”网络很好地满足了天使投资人的需求，同时，人际网络最大限度地保证了每一个参与方的利益。Techstars 得益于导师制的孵化模式具有极强的竞争力，在孵化器行业中脱颖而出。

3.WeWork 模式

2010 年 WeWork 诞生于美国纽约，截至 2015 年，其孵化面积已经超过 32.5 万平方米。WeWork 的主要运作方式是先低价租下各种不同类型的办公空间，进行设计装修，然后以不同的单位出租给创业者和初创企业。WeWork 能够为创业者提供一个交流平台，定期举办各种类型的社交活动。

WeWork 获得成功的主要因素是美国的大环境，主要有以下几点。

首先是创业教育体系。创业革命是美国 20 世纪 60 年代的创业教育最大的受益者。美国较早地开展了创业教育，创业教育体系相对成熟，年轻人得到了较为专业的创业教育和培训，知识理论等方面的储备较为充足，创业激情高涨。

其次是创业融资体系。美国拥有发达的资本市场，可以通过引导商业机构、民间资本间接调控对小企业的投资。由于融资体系较为完善，美国的创业者较为容易得到融资，降低创业风险。

最后是政府的政策。WeWork 得到了政策的保障，旧金山在萧条的田德隆区设立警区前哨站，改变警方巡逻路线。波士顿市长马丁·沃尔在 WeWork 发表了上任演讲，增加大众对创业的了解，让大众体会创业氛围，促进大众创业。

（二）经验借鉴

1. 依靠科技创新的内在驱动力

创新是促进经济发展的重要动力之一，深受政府的重视。众创空间的发展目标在《关于发展众创空间推进大众创新创业的指导意见》中得到了确定："到 2020 年，形成一批有效满足大众创新创业需求、具有较强专业化服务能力的众创空间等新型创业服务平台"。纵观国外创业空间的发展可以得知，创新是大多创业空间发展的内在驱动力，自下而上促进区域创新发展。国内现阶段众创空间发展迅猛，部分地方政府将建设众创空间当作政绩考核的硬性指标，通过优惠政策强行建设发展不成熟的众创空间，使众创空间获得了飞速发展，但也导致了资源闲置和浪费现象。

2. 鼓励导师制的发展

美国是孵化器导师制的起源地，Techstars 深深地影响着我国众创空间导师制的发展。我国众创空间发展导师制已成为一种潮流。目前，我国孵化器导师制的发展并不成熟，导师大多数是兼职的，缺乏与创业团队的沟通交流，不能很好地发挥导师孵化的灵活性。参考国外导师制的发展经验，在创业初期，我国众创空间的导师应与创业团队通力合作，共同孵化，随时进行交流。

3. 构建完善的创业生态系统

从国外众创空间发展的历程来看，创业生态是影响众创空间发展的重要因素。众创空间不仅提供了创业者所需的场所，还为创业者、创业团队进行思想的交流、碰撞提供了平台，促进了技术创新、创业产品的完善，为初创企业提供全方位、专业化的服务。众创空间以营造创新氛围为基础，优化创业环境、创业政策，建设完善的产业链培育体系，构建完善的创业生态系统。

第三节 国内众创空间的发展

创客文化具有明显的开放性和共享性。创客之间由于彼此志趣相投，在网络上建立了彼此交流虚拟社区，通过虚拟社区展示自己的创意和成果，同其他创客交流创新创业经验，创客之间互相帮助解决遇到的难题。但是，线上的交流并不能完全满足创客的需求，比如在操作中出现的问题可能需要现场指导，无法通过文字讲明；复杂难明的想法需要进行面对面沟通；等等。

由于这个原因，很多线上社区逐渐设立线下创客空间，创客之间自由合作、共同创新，最初的创客空间是非营利性的，日常活动和运营经费主要通过企业及个人的赞助、开办工作坊、收取会员费等方式获取。中国创客文化的发源地是创客咖啡馆，创客咖啡馆的运作方式是定期举办创新创业活动，吸引创客、创业者、投资人等的关注，提高人气。创客咖啡馆最初具有办公功能，只要在咖啡馆里点一杯咖啡或者茶饮，创客就能够在咖啡馆内办公，创客灵活办公的需求得以实现。随着创客空间的发展，联合办公空间（即开放式办公空间）大量出现，创客、创业者租用工位、办公室等进行创新创业活动更加方便，创客咖啡馆的功能主要是为创客与创客、创客与投资人提供一个线下交流互动的场所，创客可以在此展示自己的成果来吸引投资（即路演），成功创业者和开发者可以在此分享经验（分享会、沙龙）。发展较为成熟的是企业孵化器形式的创客空间，它不仅可以为初创的科技型中小企业提供场地和基础设施，同时还能提供各种服务，降低初创企业的风险和创业成本，提高成功率，有利于科技成果的转化和成功企业家的培养。各种形式的创客聚集地成为创客空间形成的基础。

科技部在对北京等各地的创客空间、孵化器、创业咖啡等创业服务机构进行调研后提出了“众创空间”的概念。李克强总理在 2015 年 1 月 28 日召开的国务院常务会议上确定支持发展“众创空间”的政策，搭建了创新创业的新平台。国务院办公室2015年3月2日发布了支持“大众创业、万众创新”、支持大力发展众创空间的纲领性文件《关于发展众创空间推进大众创新创业的指导意见》。服务实体经济转型升级这一众创空间在经济发展中的重要作用在国务院办公厅2016年2月14日发布的《关于加快众创空间的发展服务实体经济转型升级的指导意见》中得到明确。文件指出，加强企业、高校、科研单位在制造业、服务业等重点产业的协同创新，加快众创空间建设和发展。

创客空间、创新工场、创业咖啡等孵化模式是众创空间形成的基础，众创空间的主要特点有网络化、集成化、专业化、市场化，成功实现了创新与创业、线上与线下、孵化与投资等的结合，是一个开放性的综合服务平台。不仅为创客提供了工作空间、社交空间和资源共享平台等，同时还能够为新兴创业企业成长和创业者提供全面、低成本、专业化服务。

创客群体的规模不断扩大，在创客群体中出现了不同分类，既有单纯的DIY爱好者，也有全身心投入创客事业的人。《爱上制造》杂志和创客博览会的创办者戴尔·多尔蒂（Dale Dougherty）将创客群体分为入门创客（zero-to-maker）、协作创客（maker-to-maker）、职业创客（maker-to-market）三种类型。入门创客指的是那些刚刚对创客行为感兴趣的人群，他们刚刚学会自己使用创新工具，制造自己感兴趣的产品。协作创客相比于入门创客动手能力、制作能力更强，但他们仍需要别人的帮助或辅导才能完成产品。职业创客，是众创空间的主要参与者，创客行为是职业创客的工作生活方式，他们热衷于将自己的创意投入市场，并且依据市场的反应及时完善产品。将创客运动比喻成体育竞赛，入门创客就是业余爱好者，职业创客是专业运动员，协作创客是具有一定水平介于入门创客和职业创客之间的人员。

我国最早的创客空间和众创空间出现在上海、北京、深圳等城市。2010年上海新车间成立，创客们以会员的形式聚集在一起，喜欢自己动手创作物品的创客们在新车间相互交流、互帮互助、创新实现自己的创意。北京的创客人群主要是设计师、软件工程师、互联网从业者等人群，不同行业的人群互动合作十分活跃。深圳最大的优势在于毗邻制造业工厂，在开发智能硬件方面取得了较大成就。各个地区要充分发挥自身的长处建设众创空间、组建创客群体。首先，珠江三角洲地区，拥有众多的互联网企业，信息化人才众多；机电产品的原材料供应相比其他地区更加便捷；政府提供政策支持。其次，长江三角洲地区国际化程度较高；在资金和技术上能够得到更多的支持和帮助；拥有大量不同类型的高校。最后，华北地区政府支持力度大；工程类院校较多，人力资本充足；原材料丰富。

下面我们对初期的几个创客咖啡馆和创客空间的发展历程进行回顾，对其发展的特点进行总结归纳，便于读者朋友们对近年蓬勃发展的众创空间进行理解。

一、深圳柴火创客空间

戴维斯（Mitch Davis）（澳洲资深创客发起人）、潘昊（深圳矽递科技有限公司创始人）出资在 2011 年创办了深圳柴火创客空间。柴火创客空间起源于一群因技术聚会而相识的年轻人，他们共同的兴趣是开发开源软件和电子硬件，在 Google 论坛建立了专属于 SZDIY 社区的邮件列表，他们经常在网络上讨论技术和产品，偶尔会在线下相约聚会。Mitch Davis 将国外盛行的创客空间理论引入了 SZDIY 社区，建议把 SZDIY 社区进一步发展成为创客社区，提供固定的聚会场地。潘昊参加了美国举办的创客博览会，这种开放共享的创客环境深深吸引了他，他参观了不同地区的创客空间。回国之后，他和 Mitch Davis 联手创办了柴火创客空间，首批进驻成员是 SZDIY 的社区成员。

柴火创客空间名称中含有“众人拾柴火焰高”的含义，目的是为创客（Maker）营造一个开放自由的氛围，提供协作交流的平台，推动创意向产品转变。柴火创客空间提供电子开发设备、3D 打印机、机械加工设备、激光切割机等基本开发设备，并定期举办各种类型的聚会。

柴火创客空间坚持“一行胜于言；二开放”的社区精神。首先，创客们一般都具有一定的动手操作能力，因此除非有难题需要进行讨论，在聚会时一般都在处理自己的事情，如设计、编程等，十分安静。其次，创客们对于新加入的成员十分欢迎，每次聚会都有网络游戏的设计师、开发者、学生等新面孔加入，柴火创客空间的创客们十分愿意和新人交流、认识。

李克强总理在 2015 年 1 月 4 日参观考察了柴火创客空间，并成为柴火创客空间的荣誉会员。在此之后一年的时间里，参观访问的人络绎不绝，共计 3500 多人注册成为会员，分享会、工作坊等平台推出了 200 多个创客项目，1 万多人参与活动，共有四个创业团队进驻柴火创客空间，2 个团队融资超过千万元人民币。

二、北京创客空间

2011 年 1 月，北京创客空间成立，其规模在亚洲最大，它在全球创客网络中占有重要的地位。北京创客空间是我国创客文化的发源地之一，在所有创客空间中首先提出了“创客”的概念。北京创客空间创新加工设施、工具健全，活动场地为1000多平方米，原型加工基地超过300平方米。Flamingo开放空间是北京创客空间的前身，这是一个面向艺术家、设计师、DIY高手及普通人的开放性实验平台，人们在这里有机会利用相应设备把自己的想法和创意变为现实。北京创客空间每年都会举办不同类型、丰富多样的活动，不同的活动针对不同的人群，既能满足职业创客的需求，又能方便创客爱好者参与创新，同时还能够为青少年及儿童提供创意教学和体验。每周三晚举办创客分享会，周四晚开展创客小聚“MeetUp”，周五、周六有创客工作坊，每个月还举办“智造”工作坊、创业教育，北京创客空间每年还会举办创客嘉年华、“创想48小时”等活动。

肖文鹏创建了北京创客空间，他本身就热爱硬件开发。电子积木和Arduino中国也都是肖文鹏所创办的。根据深圳柴火空间创办者潘昊的介绍可以知道，肖文鹏是国内开源硬件的启蒙者之一，是我国第一批撰写Arduino教程的人。他发现很多人关注了其所撰写的博客，而且在网络上进行了热烈讨论，但是没有实际操作的经验。因此，肖云鹏定期开展线下的交流活动，初期参加的人数不多，临时场地可以满足需要，但后期人越来越多，办公室逐渐无法容纳所有的参与者。

中关村管委会对北京创客空间在2012年举办的“创客嘉年华”活动十分关注。不久之后，中关村授予北京创客空间“中关村国家自主创新示范区创新型孵化器”的称号，并为其提供有力的帮助和支持，北京创客空间在中关村管委会的帮助下，以优惠的价格搬入中关村国际数字设计中心，拥有了200平方米的办公室，同时得到了许多资助的器材。

三、上海新车间

从台湾来的李大维在2011年发起创办了上海新车间。李大维曾经从事过一段时间的物联网开发方面的工作，但是，那段时间他经常找不到可以搭配的硬件。由于其本身痴迷于“造物”，在2004年之后，他逐渐对开源硬件产生了兴趣。在此之后，他在家里存放了越来越多的东西，导致了和妻子的矛盾，这时，李大维萌发了创办创客空间的愿望，目的是聚集更多具有相同兴趣爱好的同伴，充分发挥制造东西的兴趣和热情，同时在工作的时候可以互相帮助。

李大维公开表示自己准备创建创客空间是在2010年底的一次技术聚会上。曾经在Google工作过的伍思力及他的妻子谢晏林长期以来都想要在上海寻找一个像加州景山Mountain Dojo那样的创客空间，他们两个在听完李大维的演讲之后，三个人协力合作，共同创立了我国的第一个创客空间。上海新车间拥有上百平方米的空间，还拥有激光切割机、3D打印机、数控机床等各种工具，创客们来来往往、络绎不绝。

李大维对上海各区县的青少年科技站进行了详细的调查，发现各个少科站的创客工具设备配置较为齐全，但是没有充分利用起来。“在上海打造更多创客空间，还有很多现成资源可以利用。”“只要稍加改造，就能把少科站的一个区域变成创客空间。让青少年和我们这些‘大小孩’一起去玩，在两代人中传递创客精神，不是很好吗？”

社会学者西尔维娅·林特纳（Silvia Lindtner）对我国早期的创客空间进行了长期的观察，不仅见证了上海新车间的诞生和发展，同时采访了其主要的创始人，他最终发现中国创客的中国特色十分显著。中产阶级的业余制造兴趣及黑客等互联网反主流文化是西方创客文化的起源，中国创客文化与此截然不同，它来源于中国制造业的专业能力。也就是说，互联网、制造业等行业的精英人群组成了我国的创客团队，反观西方，创客的构成人员多为黑客、中产阶级等。

四、车库咖啡

2011年4月，车库咖啡入住海淀图书城步行街（现中关村创业大街），位于街区中段的二楼。车库咖啡是一间咖啡厅，它以创业和投资为主题，为创业者提供了免费的开放式办公环境，每个创业者只需要点一杯咖啡即可享受一天。

苏巧是车库咖啡的创始人，他原本从事的是投资方面的工作，每天都需要到处见各种创业团队。因此，他产生了创建一个众创空间的想法，为创业团队之间、创业团队与投资人之间的交流沟通提供一个平台。选择创办办公式的咖啡厅是因为其所接触过的很多创业团队都选择在星巴克、上岛等咖啡厅工作，他想提供更加舒适、合理的环境和更加专业化的设备给创业者。为了避免受到打扰，他选择了二楼。

车库咖啡在2011年4月成立之后，最多时可以同时容纳15个创业团队，200多家知名机构如戈壁合伙人、经纬创投等前来寻找投资项目，20多家大型厂商为创业者提供了“创业服务包”，成功培育出了超过40个创业项目。车库咖啡在2012年2月被中关村管委会授予了“中关村国家自主创新示范区创新型孵化器”的官方牌匾，加入车库咖啡的创业团队可以享受中关村科技园的同等政策。同年12月，车库咖啡被评选为中关村十大新锐品牌、2012年度CVAwards最具影响力创业服务机构。

第二章　大学生创业教育现状分析

第一节　国外大学生创业教育的发展和现状

一、美国大学生创业教育的发展和现状

（一）美国大学生创业教育的发展历程

美国大学生创业教育并非是由政府主导的，而是结合社会和市场的需求情况由高校自下而上开展起来的，其大致经历了以下几个发展阶段。

1.1947—1979 年：萌芽和起步阶段——商学院的课程与专业

（1）创业教育作为商学院的边缘课程（1947—1967 年）

1947 年 2 月，美国大学生创业教育正式开始，第一门 MBA 课程“新企业管理”由迈尔斯·梅斯教授在哈佛商学院设立，纽约大学 1953 年开设了由彼得·德鲁克教授的创业课程“创业与创新”，自此开始，美国开始了大学生创业教育。但是，美国工业文明在 20 世纪五八十年代十分发达，美国经济发展的中坚力量是大公司、大企业，这一时期经济和社会发展的主要趋势依然是大力发展大型企业，创业教育没有市场和基础，因此，这一时期的大学生创业教育发展十分缓慢。20 世纪 50 年代，美国麻省理工学院和斯坦福大学相继开设了创业课程。与此同时，对于创业的研究开始出现，第一份和创业相关的杂志是哈佛大学在 1949 年创办的《创业历史改革》。

创业教育在这个阶段处于发展的初期，社会上对于创业的研究较少，商学院开设的创业课程地位不高，仅为边缘课程，但是，在这个时期与创业教育相关的基础组织已经被建立起来，这奠定了美国创业教育的发展基础。例如，第一个关注创业教育的基金会是 1951 年成立的考夫曼基金会；美国小企业协会创立于 1953 年；美国高校创业领域的第一个捐赠席位建立于 1963 年。

（2）创业教育作为商学院的专业（1967—1979 年）

大企业在 20 世纪 60 年代末期开始衰弱，中小企业逐渐开始发展起来，

社会越来越需要创业教育，创业教育不受重视的局面开始改变。百森商学院1968年在本科阶段开设了第一个创业主修课程，为高校大学生创业教育的发展开创了新局面。南加利福尼亚大学对创业教育也进行了研究，MBA创业学专业在1971年开设，本科生创业学专业于1972年正式设立。截至1975年，美国开展创业教育的高校数量从1970年的16所增加到了104所。

在这个时期，美国对创业的研究也取得了一些成绩。针对中小企业的研究，美国小企业局（SBA）出资进行了为期三年的研究，《小企业研究系列》成功出版。也是在这个时期内，许多创业领域中的重要期刊开始创刊。《小企业管理》杂志于1963年创刊，这是第一本研究小企业和创业的学术期刊；《美国小企业期刊》于1975年成功创刊，于1988年更名为《创业理论与实践》；《企业家》杂志于1976年创刊。

2.1979—1989年：发展阶段——创业学科的发展以及向商学院外部的拓展

在美国大学生创业教育的发展史上，大卫·伯奇1979年出版的《工作生产过程》具有里程碑式的意义。大型企业是经济发展的支柱和创造新就业机会的主体的传统观念在这份研究报告中被打破，该研究报告表明创业对经济发展、提供工作机会具有重要意义，力求让政府认识到创业才是经济发展的引擎。创业教育在20世纪80年代以后获得了迅速发展，根据维斯帕的研究报告，1980年到1984年，美国提供创业课程的大学从163所增加到了253所；加上两年制的学院，能够提供正规创业教育的中等教育机构共有418个。

商业期刊开始出版创业内容是从20世纪70年代末期开始的，创业著作、文章、杂志等的增长受到了硅谷及创业者发展的影响。《创业者》等与创业相关杂志的创办，能够促进创业教育的发展，并为创业教育的发展提供了社会基础。第一届百森创业研究会议于1981年召开，从此以后，每年都会定期召开，极大地促进了创业研究的发展和传播。题为“创业：是什么以及如何教”的讨论会于1983年在哈佛大学召开。1984年，普莱斯创业研究会开展“普赖斯——百森商学院伙伴计划”，支持高等学校引入和帮助创业教师，同时，一些研究创业方向的学术期刊也得到了快速发展。同年，俄亥俄州州立大学发表了“全国创业教育行动议程”。1985年沃顿商学院《企业创业杂志》创刊。1987年，管理学会正式建立创业学分部，创业教育发展进入新阶段。

3.20世纪90年代至今：成熟阶段——创业教育趋向大众化和尖端化

20世纪90年代之后，更多的国家开始意识到创业教育的重要性，创业教育在提升大学生竞争力、提高大学生技能、促进经济发展等各方面都十分重要。美国高校在这样的时代背景之下，不断扩展创业教育的广度和深度，使创业教育走向“尖端化”和“大众化”。“创业教育尖端化”的含义是说，随着科学技术的进步和学校对创业、研发的认识加深，创业教育的主要接受人群成为工科院校的大学生群体，更多的创业项目从实验室的创新、发明逐渐走向市场化产品，技术的发展和转移出现高速发展的趋势，从大学科技成果发展而来的创新创业公司极速发展。这些从大学科技成果发展而来的公司极大促进了经济的发展、提供了更多工作岗位、并有利于经济结构的转型和发展。创业和科技是经济发展的重要力量。“创业教育大众化”体现的是，随着经济发展对创业教育的需求越来越多，社会上的非营利性机构、高校等不断扩大创业教育的范围，出现了面向全体大学生的创业教育。

创业教育的发展离不开创业研究。美国高校对创业的研究在这一时期取得了重大突破。在这一时期，四种创业期刊被纳入SSCI，1988年《企业创业杂志》加入，1992年《小企业经济学》加入，1995年《小企业管理》加入，2000年《创业与地区发展》加入。创业学成为一个学科领域、创业杂志发展到高水平有利于社会对创业教育的认可，同时有助于证实创业研究的合法性。

（二）美国大学生创业教育的现状

商学院是美国大学生创业教育的起源地，通过和企业行业的紧密合作，创业教育在商学院取得了良好的发展，逐渐成为热门的课程和专业。随着创业教育的发展越来越成熟，一方面，创业教育逐渐发展成为“创业学”学科，其学术性越来越强，注重理论研究，成为完善的学科体系；另一方面，创业教育逐渐增加和其他学科（如工程、科技等）的结合，把创业精神通过各种方式融入其他学科，培养创业型人才。

创业教育在美国高校开展较早，经过发展已经形成了比较完善的体系结构，并且具有自己的特点。总的来说，美国政府、学校、大学生、创业者及中间媒介（基金会、风险资本家、会计师、银行及顾问等）团结协作、共同努力促成了美国大学生创业教育的成功。创业型公司是推动经济发展的动力，是新就业岗位的提供者，政府可以利用各种政策，如中小企业政策、税收政策等为学生创业提供良好的社会环境；学校开展各种创新活动，建设各类跨学科项目，为大学生营造良好的创业氛围，积极推动创业孵化器和科技园区建设，为大学生开展创业活动提供各种便利条件和帮助；大学生充满生活激情，具备开拓创新精神，接受过正规、系统的创业教育，创业成为未来职业生涯的一种选择；中间媒介以及创业者能够为大学生提供各方面的帮助，既可以提供资金方面的援助，同时还能分享创业的经验，促进大学生创业的成功。美国大学生创业教育的成功离不开社会各界的支持。

美国高校的发展是一个教学—研究—创业的渐进发展过程，即美国高校从教学型向研究型转变，之后又从研究型高校转变为创业型高校。这一发展趋势有力地推动了美国大学生创业活动的开展，创业活动也带动了创业教育的发展。

美国高校已经开设的创业教育课程超过12000门，设置创业主修专业100个，已经构建了完善的创业教育体系，包含副学士学位、学士学位、硕士学位、MBA、Ph.D等。在创业教育体系中的6000余位创业教师中，超过一半的教师是全日制教师，他们投身于创业教育和研究中，不断创新，努力推进创业教育的发展。创业专业的注册学生超过40万人，创业教育是高等教育中发展最迅速的专业。

创业教育经过长期的发展，影响力越来越大，且呈现出跨学科的发展趋势，因此，更多的美国高校在设计创业项目时改变传统观点，不再将创业教育当作商学院的特定学科，也不再将创业教育当作指导学生创办企业的工具，而是把创业教育渗透到大学的各个学科、各个领域。美国大学生创业教育的发展出现了以下特点。

首先，创业教育逐渐开始受人尊重。美国创业教育经过多年的发展已经较为成熟，但是还未到达顶点，美国大学生创业教育还在继续向前发展。美国加州大学伯克利分校、麻省理工学院、西北大学、斯坦福大学、凯斯西储大学、迈阿密大学、杜克大学及哥伦比亚大学的院长和教务长在2006年组成了“创业教育课程专家小组”，对美国高校大学生创业教育实践情况进行分析，研究创业教育的原则、内容、方法、手段等，为大学生创业教育制定一个体系框架。自此开始，美国大学生创业教育从原本的自主探索阶段开始进入了有专家联盟指导的全新阶段。美国创业教育发展出现了新的局面：领导层和教师越来越认识到创业教育的重要性、创业教育逐渐获得了社会的认可、创业教育相关的研究文献得以在权威刊物上出版、出现了知名创业教育教师等。

其次，创业和大学开设的各个学科相结合，成为大学的一部分。美国开始重视创业教育水平，打造跨学科的创业教育项目，为所有学生提供创业教育。在这样的社会大环境下，经济、商业、工程等不同专业、不同背景的学生开始坐在一起，接受创业教育、组建创业团队、共同创业。在技术、科学、工程等容易产生创新、可实现创业计划的学科，美国创业教育有十分大的影响力。越来越多的美国大学建设有面向全校学生的创业教育项目，领导层积极参与、重点关注创业教育，学校战略规划将创业教育纳入其中；为了保障创业教育的顺利开展，对资金、人力、组织等资源进行重新配置；课程种类不断丰富、学生数量不断增加；管理者、利益相关人员、学生等对创业教育的认识更深刻；学校拥有更高的创业活动开展水平。创业教育向全校范围推广可以采用“磁石模式”或“辐射模式”等多种方式。“考夫曼校园计划”就是立足于学校原有的创业教育体系，在不同的学科内广泛渗透创业教育理念，大力引进、建设跨学科教师团队，为学生提供创业教育。

最后，推动知识向市场转移，对创业的价值、影响力进行评估。创新是创业的核心，大学生发现并掌握了新知识、新技能，将这些新知识通过创业等方式转化为市场价值是大学生的责任和义务。从以往发展的情况看，科学、技术、工程等学科更加容易发生创新、创业计划。也正因如此，美国创业教育发展最快的是高校科学、工程等领域。考夫曼基金会统计结果显示，参与考夫曼项目的学生，60.9% 来自工程学院，22.5% 来自商学院，9.5% 来自文理学院，3.7% 来自农业和环境科学学院，1.8% 来自继续教育学院等。美国高校对技术转移办公室的教师进行了创业教育培训，对于学校中的各种不同的创业组织，加强了彼此之间的联系，为大学生创业营造出了良好的创业环境。高校与企业、创业部门之间的交流合作增多，通过教师和学生将更多的创意变为现实。

当前阶段，美国高校对创业教育影响力的评价还不足，亚利桑那大学、康奈尔大学、麻省理工学院等极少数的学校对创业教育影响力进行了尝试性的评估。随着社会发展，人们更加需要创业教育，同时参与者也对创业项目质量提出更高要求。因此，对创业教育进行评估，评判创业对经济的影响，了解教师、学生对创业教育的看法成为必然。

二、日本大学生创业教育的发展和现状

（一）日本大学生创业教育的发展历程

创业教育的概念来自美国，又被称为“企业家教育”。创业教育是一种全新的教育理念，创业教育出现的历史并不长，世界上其他国家引入创业教育的时间就更短暂，日本的创业教育从引入到发展仅有十几年的历史。

1. 大学、企业各负其责阶段

日本经济在 20 世纪 60 年代对熟练技术工人和高科技人才极为渴求。因此，日本的大学对培养应用型理工类专业人才十分重视，大力推动“五年一贯制”高等专科学校的发展，同时，学校与企业之间进行了各种形式的“产学合作教育”，大学主要精力用来为企业培养高级技术人员。日本高等教育学生的数量比原本增加了 14.1%，短期大学生的数量增加了 21.5%，高等专科学校增加了 12.13% 的学生数量。同时，一些传统的商业大学、工学院、

职业院校等开设了一些零散的创业教育方面的课程，但是无论是层次还是影响力都十分有限。

企业中所需要的管理、经营等专业知识基本上由企业开设培训机构进行教授。在日本，很多大型企业都开设有自己的培训机构，面向员工开展企业内部培训，方式有自我启发、脱产学习（OFFJT）、工作中学习（OFT）等等。日本各级政府，从国家到各级都、道、府、县均设置有职业培训机构，包括职业能力开发学校、职业能力开发促进中心（工艺中心）、工艺学院、生涯职业能力开发促进中心（才艺园）等。日本最常见的方式是出资建立中小企业培训学校，培养训练中小企业管理者和专业技术人员。国家、各级政府、企业等联合开设高等技术研究所，在培训企业在职员工的时候一般采用不脱产的方式。日本的社会团体组织、企业等在对中小企业在职员工进行培训时多采用讲座、学术活动等形式。同时，无论是在职人员还是失业者都可以听课，原则上不收取学费，而且，还可以依据相关规定领取保险的失业补贴（基本津贴、交通津贴、学习津贴）。这些机构提供了创业者需要的学习平台。

2. 大学提供管理培训阶段

日本企业在20世纪70年代以后获得了迅猛发展，对人才的需求更加迫切，要求更高，需要大学提供各方面的培训课程，例如管理、经营、营销等方面。高校为了能够获得更多的资金，开展社会服务，针对企业人员开设了MBA、市场营销等课程。部分高校在学校教学、学生的学习和生活实践中渗入了职业规划教育理念，把职业规划教育课程和学生单独咨询结合起来。开展和企业、社会组织的合作，采取专家讲座、专业实践、实习等各种活动方式，使学生不仅可以理解职业规划教育，同时还能够在社会中灵活应用，增强其语言能力及跨文化交际能力。政府、事业单位、企业和高校进行合作，开发了“政府行政事业单位合作”“业界分析”“国际化合作”等职业开发课程，促使学生了解职业、工作等，明确学生的职业目标。但是企业外部的培训相比内部培训来说针对性不强，效果较差，因此人们对于公共职业培训的评价不高，企业界偏重于通过企业内部的培训方式培养专业人才。高校开设的职业培训一直没有优势。

3. 创业教育导入阶段

日本泡沫经济在20世纪90年底开始破灭，传统的经济产业辉煌不再，为了保障经济的发展，日本企业界亟须促进经济活跃的因素。中小企业由于其自身灵活方便的特点和优势代替了传统大企业的地位，传统产业只有进行创新才能取得竞争优势。风险企业在日本获得了突飞猛进的发展，成了日本经济的催化剂，尤其是高校的风险创业企业，拥有技术和人才方面的优势，将高校中的创意研究大量转化为市场产品。风险企业的出现和快速发展有力促进了大学和企业间的互动。各学校以风险企业为中心，开展创业人才计划，并开始进入实际实施阶段。

高校成了职业教育的重要一环，在1998年以后开始实行“企业见习制度”，目的是要使学生养成劳动观念和职业观念。企业见习制度本质上就是学生到企业一线学习体验自己所学的知识。日本的一些学校引入了“德国职业教育双重制”，提高学生的职业选择能力、职业意识，减少毕业生离职的情况。但是为期2～3天的经历教育很难产生长久的效果，亟待开展水平更高的劳动观、职业观教育。

日本在2000年的教育改革国民会议上正式提出了创业家精神概念，学生的创业家精神、思维方式、生存能力是创业教育应重点培养的，理工科高校应加快完善研究室、研究中心、风险企业等基础设施，推进高校优势与地域特色的结合。立足于终身教育，高等学校应该面对全体学生、研究生、社会大众，通过各种相关制度如昼夜开讲制度、社会人特别选拔制度、科目辅修制度、定员编入制度等，为社会人员创新创业提供帮助。日本攻击手商业学校推出了“事业计划立案讲座”；面对社会大众，早稻田大学开设了“傍晚集中讲座”，夜间进行授课，其内容包含营销、经营计划、管理等各个方面；东京商工会议所开办了“创业塾”等，很多有意向创业的人士参加了创业课程；一些文科方面的高校也顺应时代发展趋势开办了一些培训讲座。

4. 创业教育理念践行阶段

在日本进行高校法人改革之后，由于意识到只有在市场中生存下来，才能够获得竞争优势，很多高校开始建设创新企业，加大对风险企业的建设投资。“大学风险企业创设”成为日本中央教育审议会开展创业教育的突破口，建立“创业教育激励计划”（Entrepreneurial Stimulation Project，ESP）平台，改善学校创业环境，建立创业教育体系。5个相互交叉的部分构成了这一体系，交叉部分指的是高校风险企业，这形成了完整的创业教育理念框架。我们对“ESP计划”的框架进行分析说明。

①学生创业教育：商业教育计划面向大学生和研究者，学生需要学习一定的必修课程，同时国内外的一些著名企业家也会到学校进行授课，学生需要进入各种风险企业进行有目的、有任务的见习，学校举办各种创业设计大赛等。

②大学校园内的指定空间：学校为学生、创业者、企业员工、研究室等

提供一个开放交流的平台，举办各种各样的交流活动，如文理互动、学科交流、创业计划交流等，促进高校资源的合理配置和综合利用，建立师生、生生等的广泛的交流网络，形成覆盖校友的创业互助体系。

③提供服务网络：一般情况下主要是利用创业辅导机构、校内企业孵化器、种子资金服务机构等，开展咨询等服务，促进创业者创业，提供启动资金、运营资金等帮助有潜力的创业计划实现，为创业者创业建设完整的服务体系。

④社会力量：在开展创业教育的过程中需要加强高校与企业、社会的联系，充分利用地方企业、非营利性机构、校友网络等社会资源，建设完善学校的创业基础设备、创业风险资金、创业课程等。同时，高校要对社会进行反馈，促进经济进步。

⑤数据库资源和信息网络：高校收集创业所需要的知识、信息等资源，建立为创业者提供各种方面服务的资源数据库。同时，高校要对风险企业进行研究，把控风险企业的走向。

“ESP 计划”的框架基于两个基础。首先，要有一个产、学、官协同配合的合作体系。没有产学合作、三者互动协作，创业教育就没有实质性的内容，也缺乏前进的动力。创业风险支撑、创业资本融资、企业见习等多项制度措施离不开学校和企业之间的密切合作和相互支持。其次，不同学校的创业教育在培养目标、创业理念等问题上存在差异。

总的来说，日本高校大学生创业教育分为创业重视型、理论活用型、地域连接型、日本本土型以及全球战略型等五个层次。

（二）日本大学生创业教育的现状

日本大学生创业教育的序幕是由日本 1995 年出台的《科学技术基本法》拉开的。最初设立创业教育课程的日本高校仅有 30 余所，十几年之后，超过 200 所高校开设了创业教育课程，现阶段的日本大学生创业教育如下。

1. 创业教育已初具规模

日本国内有 33% 左右的不同类型的高校（共计 247 所）开展了创业教育，这些高校包括 53 所国立大学，约 179 所私立大学，约 15 所公立大学。在所有开展创业教育的日本高等学校当中，共计 78 所高校同时在本科和研究生两个阶段开设有创业教育方面的课程。

2. 创业教育的内容多样化

日本各高校总计开设有 928 门各种各样的创业教育课程，日本大学生对创业知识的渴求得到了极大的满足。很多日本高校本科、研究生阶段的必修课程和选修课程中均开设有与创业教育相关的课程。日本创业教育主要包含：第一，企业管理学基本原理和内容；第二，企业运作相关的内部知识和技能；第三，企业家的个性特征及基本素质；第四，成功创业者的案例分析；第五，创办企业的相关法律制度。

3. 创业教育实施主体多元化

大型企业和社会援助团体、基金等都主动参与到日本大学生创业教育中，并占有主导地位。

4. 创业教育与扶植创业相结合

日本的高校一般情况下会扶持大学生的创业项目，解决大学生创业过程中遭遇的各类困难和现实问题，提高大学生的创业热情，提高创业教育的水平。扶持手段通常情况下有以下两种类型：第一种，利用高校遍布社会的校友资源、校友会或者杰出毕业生为大学生创业提供各方面的资助；第二种，高校成立创业教育专业机构，组建创业基金，由专业团队负责运营，指导帮助大学生创业。

三、英国大学生创业教育的发展和现状

（一）英国大学生创业教育的发展历程

英国资本主义从19世纪下半叶开始，在工业革命的帮助下，大肆对外扩张、掠夺，极大地提高了英国的综合国力。20世纪70年代，英国政府削减社会福利开支，不仅导致了通货膨胀，同时引起了经济衰退。英国失业青年的数量占总失业人口的四分之一，青年失业人数从54000人猛增至253000人。截至1983年，英国青年失业人口占总失业人口的65%。1998年，超11.8万的青年人失业半年以上，超过38万的青年人失业一年以上，21.6万青年人失业两年以上。进入21世纪之后，英国青年的就业形势仍然十分严峻。2010年5月，英国全国失业率为7.8%，青年失业率居高不下。

英国政府发现解决失业问题最根本的战略是开展教育，要想从根本上解决就业问题，必须顺应社会的发展，培养相应的人才。英国政府从20世纪80年代就开始推行再就业项目，为了解决青年人的失业问题，专门推出了针对青年的培训项目，然而，失业率下降不明显，没有取得理想的效果。英国政府在20世纪90年代除了推出就业培训，还开始了创业培训，优先发展教育，通过积极发展教育来解决就业问题，促进经济发展，在高校和社会中全面培养创业精神。

英国高等教育自从第二次世界大战之后进行了两次变革。第一次变革是以20世纪60年代的《罗宾斯高等教育报告》为标志，高等教育开始快速发展。罗宾斯爵士在报告中介绍了“罗宾斯原则”，即“应为所有在能力和成绩方面合格的、愿意接受高等教育的人提供高等教育课程”。第二次变革发生在20世纪80年代末，英国政府发布白皮书——《高等教育：应付新的挑战》，建议取消大学拨款委员会，建立“大学基金委员会”。在1991年发布的教育白皮书——《高等教育：一个新的框架》中可知，为了实现统一标准划拨教育经费，可以合并学院基金会和大学基金会，统一为高等教育基金会，以推动高校之间进行竞争。这一次的改革加强了高等教育和经济之间的联系，加强了高校间的竞争，在政府部门的引导下，学校和企业进行了更深度的合作，促进了知识成果向产品的转化。随着学校和经济关系的发展，创业和创业教育更加被人们所重视。

1. 创业教育萌芽期（20世纪80年代早中期）

高等教育在经历了20世纪60年底的扩张期后，在70年代开始进入了调整收缩期。大学可以有效促进经济发展这种观点开始受到人们的质疑，人们更加关注高等教育的质量和效益，希望通过市场化的手段和方式来引导高等教育，使其服务于经济发展。《20世纪90年代英国高等教育的发展》绿皮书指出，高等教育需要为英国经济发展服务。高校应该“端正对工商业的态度，谨防轻商的势利观念，首先要努力培养创业精神，因为这种精神对维持和增加就业机会，繁荣经济和公共服务都极为重要；其次是重视发展高等院校与工商业的联系，建立多种合作，如合同研究、咨询服务、工商业人士参加大学董事会，企业为学生提供奖学金等；同时加强与地方企业和社区的联系，大学应了解雇主的要求”。绿皮书认为，英国社会最需要的就是培养创业者和企业家。

1982年开始的“大学生创业项目”可以看作创业教育的开端，当时该项目是为了促进高校毕业生就业，降低高校毕业生的失业率，希望大学生能够在本地就业，创造出更多的工作岗位。由于得到了苏格兰创业基金（Scottish Enterprise Foundation，SEF）的支持，斯特林大学在1982年首先开设了大学生创业项目。在政府的倡导下，苏格兰8所大学于1983年开始试点，1984年全英国展开了创业项目。项目的实施层层深入，首先，举办有关创业教育的讲座等，使大学生了解创业的意义等；下一步单独指导对创业感兴趣的大学生；进而，创业评审团对大学生自己形成的创意进行收集、分析，引导学生加入斯特林大学的创业课程班。学生可以得到学费、生活费、办公设备等各方面的支持。创业项目的成本大约人均4500英镑，然而普通的教育培训仅仅需要2500英镑的成本，创业教育高昂的成本和不断降低的失业率促使英国政府于1990年停止了该项目。

在这个时期，开展创业教育最主要、最直接的目的是解决就业问题，这时期的创业教育带有很强的目的性，例如进行岗位职业培训，打造速成的企业家等。这种职业教育、创业教育不完善、后劲不足。

英国大学在该项目开始启动的时候，对创业一直保持怀疑和否定态度，这种现象一直到了20世纪80年代末才有所转变。原因是高校对创业和创业教育的认识逐步加深，对其重要地位开始了解，因此努力开始创办非功利性的系统创业教育。

2. 创业教育快速发展期（20世纪80年代末至90年代末）

人们在创业教育不断演变发展的进程中，开始认识到仅仅是教授人们如何创办企业不能满足时代、社会发展的需求，也得不到家长和学生的认同。因此，创业教育在20世纪80年代末开始逐渐改变，它开始教授最基本的创业原理和方法，阐释企业发展规律，提升创业者的个人能力，培养创业所需要的心理素质、创业意识、专业能力等。

高等教育创业计划（Enterprise in Higher Education Initiative，EHE）明确体现出了创业教育的转变。该创业计划旨在培养学生的创业品质，从创业精神、创业能力、人际关系、善于捕捉就业机会、职业选择能力、责任感、职业发展能力等各方面对接受创业教育的高等院校学生进行培养。高等教育创业计划希望每一个接受过创业教育的学生其与创业相关的能力得到提升。

高等教育调查委员会（迪尔英爵士担任主席）从1996年2月6日开始对英国、欧洲、澳大利亚等地的高等教育开展全面调查，最终咨询报告《学习社会中的高等教育》（即《迪尔英报告》）于1997年7月23日发表。该报告详细分析了英国高等教育的结构、目的、模式、拨款、规模、面临的困难及发展的趋势等等，在进行预测、研究后提出了很多建议促进高等教育改革。该报告立足于知识经济社会对人才的需求情况发生了变化这一趋势，提出了发展创业教育，培养创业精神等对策。对英国大学和学院开展更多创业教育的呼声在1998年的《我们的竞争——建设知识经济》白皮书中也得到了体现。

创业教育是由理论和实际两个部分组成的。从理论方面来讲，创业者需要提高个人素质和能力、养成企业家精神；从实际操作方面来讲，要在实践中对创业积累经验和认识，小企业在20世纪90年代中后期的活跃为创业教育搭建了实践平台。

在经济发展中，中小企业特别是高科技企业在20世纪90年代中后期开始发挥极大作用，社会对中小企业增加社会就业、促进技术创新及管理创新的作用越来越重视，在此期间，政府制定了各种相关政策、措施，为中小企业提供便利，服务创业。1995年英国板市场（The Alternative Investment Market of the London Stock Exchange，AIM）和三板市场（Off-Exchange，OFEX）成立，这是英国为本国及海外初创公司提供的融资平台。中小企业获得融资和飞速发展得到了这两个市场的支持。中小企业还可以在互联网上得到来自政府的帮助和支持，如英国企业在线、“直接通向政府”网站、商业链接网络等，这些网站可以为中小企业提供信息咨询、在线培训、交流研讨等帮助。中小企业得益于此获得了高速发展，同时创业教育的实习基地得到了保障。

3. 创业教育走向成熟期（21世纪以来）

英国政府在21世纪初提出了创业文化的建设目标，大力发展创业活动，在全社会范围内开展活动形成创业文化，培养普通群众的创业精神。创业教育发展至今，无论是在课程建设、管理机构、实践活动还是在资金方面都取得了重大进步，这极大推进了社会创业文化的形成。

社会参与度的不断增强表明创业教育开始走向成熟。想要形成浓厚的创业文化氛围，政府、高校、企业、社会等各方均应积极参与，典型例子就是“创业远见活动”。

2000年5月，英国主要创业教育组织和一流的商业组织共同发起了创业远见（Enterprise Insight，EI）活动，财政部大臣、贸工部下属小企业服务部提供了个人捐款及赞助，目的是培养青年的创业精神、形成英国的创业文化。很多的个人和组织都参与到了这一活动中来，商业组织包括小企业联盟（Federation of Small Businesses，FSB）、董事协会（Institute of Directors，IoD）、英国商业议会（British Chambers of Commerce，BCC）及英国工业联盟（Confederation of British Industry，CBI）等，此外，还有超过60万家企业参与。全国创业机构联盟、全国教育企业伙伴网络、企业动力、创业学会、王子基金、青年创业、壳牌在线和社区企业等创业教育组织参与了这场活动，这些组织都是英国创业教育、培训效果明显的组织。创建创业文化是EI的核心，以下六方面优先发展：

①立足于基础，激励青年创业；

②促进创业型企业学习全新的商业战略和实践方式；

③教育机构和教育系统要广泛传授创业知识、培养创业者创业技能，促

进创新经济发展；

④加强与家长的沟通，让他们理解学生的创业观念，支持学生创业；

⑤主动帮助妇女等弱势人群，开发他们的创业潜力；

⑥在推广创业活动时需要采取新颖的方式方法，使青少年从经验学习到行为再到深层次的文化转变。

社会中的各种团体、各类组织积极参与到创业文化的建设中来，其中，创业文化形成与否的重要一环是高校创业教育。英国于 1999 年成立了科学创业中心，这是英国管理高校创业的组织，最初下设 8 个中心，后来增加到 13 个。科学创业中心在 2004 年 5 月正式成为全国性组织。中心不仅能开展创业教育、强化与产业界的联系，还可以为新创办的企业提供技术支持、信息咨询等服务。全国大学生创业委员会成立于 2004 年 9 月，在帮助大学生创业，提供创业教育的基础上，委员会派出相应的专业人员对创业教育在全国的开展进行调查，从而制定出相应的政策，委员会还可以培训创业教育的教师。

英国高校创业教育的观念和实践从 20 世纪 80 年代开始发生转变。最开始的创业教育目的是解决就业问题，功利性很强，之后创业教育逐渐转变为以培养创业精神、创业品质、创业能力的非功利性教育，直到英国政府提出建设创业文化，这些转变是在创业教育发展探索中产生的。我国开展创业教育可以从英国创业教育的发展历史中吸取经验教训，避免走上功利性的弯路。

（二）英国大学生创业教育的现状

英国的大学生创业教育从 20 世纪 80 年代开始获得了迅速发展，硕果累累。国家创业活动的开展状况对创业教育的发展有重大影响，国家社会中的创业氛围如何、创业活动活跃与否可以从国民经济中中小企业所占的比重状况观察出来。

截至 2011 年底，英国企业总数超过 480 万家，在所有的企业当中，中小企业所占的比例达到 99.9%。中小企业提供了 2282 万的就业岗位，在所有岗位中占六成。

制造业的公司可以依靠规模和设备优势在工业社会中占据竞争优势，因而工业社会中大企业的数量和规模不断上升。中小企业受困于资金、资源等，难以获得较快的发展。从 20 世纪 70 年代开始，知识经济时代来临、经济全球化趋势明显，英国传统的工业化模式优势不再，逐渐转向以服务业为基础的知识经济，在这一过程中，中小企业的优势得以发挥，反应迅速、创造力强，同时融资难的问题在风险投资出现后得到了改善。在英国，中小企业在市场中的数量占绝大多数，与大企业相比，无论是产值还是从业人员都不逊色。

不可否认，创业的风险系数很高，因此，创业者总是少数人，而创业能够成功的人在创业者中也是一小部分。2008 年全球创业调查（GEM）出具的报告显示，在所有接受调查的人中，有创业意愿及开始创业的人占 16%，这已经是一个很高的比例了。

社会对创业的认同度以及一个社会的创业氛围如何可以从民众对创业的态度上体现出来。在调查了金砖四国（BRIC，包括中国、俄罗斯、巴西、印度）、西方七国集团（G7）民众的创业态度之后，可以看出英国人在创业技能、创业经验方面分数很高，这说明在创业教育和创业政策方面英国人投入的努力取得了成效。金砖四国的经济获得了十分迅速的发展，人民群众有很高的创业热情，参与者众多，但是缺乏创业经验、创业知识、创业技能。

人们对创业知识和创业技能的渴望，乐观的创业态度，丰富的创业活动，这些都在一定程度上降低了创业的风险。近些年来，创业教育得到了迅速发展。英国高校接受创业教育的大学生超过 13 万人，在所有 190 万学生中占 7% 的比例。利用创业课程学习的有 44044 人，在所有学习创业的学生中占 34%，课外学习的学生占 66%，大学生学习创业的主要途径之一就是参与创业活动。在接受创业教育的学生中，63% 是本科生，33% 是研究生，还有 4% 是其他学生。从性别上来看，41% 是男生，59% 是女生。很多项调查显示，男性和女性相比创业的动机更加强烈，在实际的创业中女性的数量也要少于男性，但是，学校、社会机构、政府等都十分重视女性创业，采取了很多措施和方法培养女性的创业能力，大力促进女性创业。现如今，在高校之中，女生的创业热情丝毫不逊色于男生，这离不开社会的引导及女性自身的努力。从国家角度看，参与创业的学生中 78% 是国内学生，22% 是国外学生。从地区分布来看，创业教育发展不平衡，东英格兰地区和东米德兰创业教育发展速度最快。接受创业教育的学生数量多、学习创业课程的学生数量多、接受创业教育人群中研究生的比例高是东英格兰的优势。课外参与创业活动的学生数量多是东米德兰的优势。

英国大学现阶段商学院开设的创业教育课程最多，工科、艺术设计等专业开设有少量的创业教育课程，社会科学、法律、医学等人文专业几乎没有创业教育课程。创业课程的内容方面大多是创业意识、创业理解等。

经历了十几年的发展改革，英国大学生创业教育在课程数量、课外活动种类、参与人数等方面都取得了很大的进步。人们对创业更加宽容、创业的配套设施更加完善，但是尚有不足之处。相比于美国，英国在把握创业机会、面对失败等方面还有不足；创业教育的内容不合理，多是商业课程、理工类内容较少，社会科学基本没有，虽然社会科学不一定需要创办企业，但是创新创业精神是任何行业都不能缺少的；创业教育地区分布不平衡。以上问题都需要进一步的改善。

第二节　国内大学生创业教育的发展和现状

一、国内大学生自主创业的发展历程

我国大学毕业生从20世纪末开始不再分配工作，开始进入了自主择业时期。创业也是自主择业的一种选择，大学生创业从这个时期开始，虽然发展的时间不长，但是发展速度十分迅猛，已经从起步期发展到了高潮时期，在日后会更加的成熟、理性。

（一）大学生自主创业的起步时期

20世纪80年代，我国开始实行大学生毕业分配制度，原国家教委（现教育部）在1986年制定了《高等学校毕业生分配制度改革方案》，方案指出，要实现在国家指导下，学生自主择业、单位择优录用大学毕业生，促进大学生自主择业。原国家教委于1994年发布的《关于进一步改革普通高等学校招生和毕业生就业制度的试点意见》要求进一步落实大学生自主择业的相关规定。随着国家政策的变化，大学生逐渐开始走上了创业的道路。清华大学学生创业者协会与学生科协在1998年4月联手策划了我国大学生首次举办的创业设计大赛——“首届清华创业设计大赛”，这成为我国大学生自主创业起步的标志。大学生创业以及它所蕴含的启蒙力量从此之后在高校甚至全国范围内传播。

（二）大学生自主创业的高热时期

20世纪末期，美国的创业设计大赛早已成熟，但对中国来说，这还是一个新鲜事物。在高校毕业生择业政策发生根本性改革的背景下，面对清华大学创业设计大赛的成功举办，北京大学、南京大学、复旦大学等国内知名院校纷纷开始举办大学生创业设计大赛。大学生在这样的潮流影响下，纷纷转变了创业理念、择业观念，他们开始把自己作为一个创业者，而不是单纯的职员，开始融资，自己创办企业，积极主动地参与创业设计。一部分创业设计的胜利者得到了企业的认可和支持，创业设计大赛成为企业寻找优秀人才的一个有效途径。首届“挑战杯”中国大学生创业设计大赛举办于2000年年初，在这一届大赛中，有超过20名的参赛选手得到了投资人和企业的认可，他们当场和学生签订了合作协议。

这一时期的大学生创业虽然发展高昂，但是弊病显著，例如盲目乐观、创业方向集中等。首先，大学生对创业盲目乐观。大学生创业兴起在20世纪末21世纪初，这一时期与社会创业热潮时期相重合。改革开放以后，经济水平不断提高，市场经济日趋完善，企业的创办更加容易。知识经济时代到来，新兴技术手段增多，国家出台了相应的政策促进民营企业的发展。受到这些因素的影响，社会上出现了创业热潮，大学生创业也加入了创业潮流中。但是这一时期高校尚未开展创业教育，大学生创业除了热情高涨外，在知识储备、创业经验等方面均有不足，因此大学生创业困难重重。另外，大学生创业方向集中于计算机网络，创业计划雷同。例如，“张江高科杯”大学生创业设计大赛中超过90%都是计算机网络方向的内容。

（三）大学生自主创业的理性时期

创业教育在20世纪末21世纪初发展落后，大学生创业弊病显著，如盲目乐观、方向集中等，这些问题在经济形势良好的情况下影响较小，但是在经济波动较大时，大学生创业容易受到冲击。美国新经济支柱纳斯达克指数在2000年4月10日开始持续下跌，这给大学生创业活动带来了严重的打击，创业热情降低。经济形势的严峻使得大学生对创业有了更清晰的认识，但是面对不断恶化的就业形势，大学生又不得不考虑创业这一选择。在这一时代背景下，高校开始推广普及创业教育，这首先使大学生能够得到正规的指导和教育，大学生创业知识的储备越来越丰富，其次面对严峻的社会经济环境，也能让大学生创业变得更加理性，从此，大学生自主创业进入理性时期。在创业进入理性发展时期后，创业基地、创业园等可以在初创企业的融资、管理、运营等方面为大学生创业提供帮助。例如，第二届清华创业计划大赛的“视美乐”团队和青岛澳柯玛公司进行合作，融资3000万元，保证了自己公司的发展。理性阶段的大学生创业无论是创业计划、运作管理都更加规范，这说明大学生自主创业更加成熟。

二、国内高校大学生创业教育发展状况

创业教育的出现顺应了知识经济和经济全球化发展的要求，是时代和经济发展的必然产物。当今世界，技术人才的竞争十分激烈，大学生面临着严峻的就业压力，面对不断发生变化的社会职位，提高经济水平、增加就业机会是解决就业难题最根本、最有效的方法。开办更多优秀企业是促进经济发展的手段之一，大学生创业的社会经济意义十分重要。社会需要高校开展创业教育，提高大学生的创业能力，这是高校对社会的回馈。美国是创业教育

的发源地，我国与之相比，高校的创业教育起步较晚，但是具有发展迅速的特点，在经过试点和推广后，发展前景良好。

（一）国内高校创业教育的发展情况

1. 起步期

20 世纪 80 年代，美国的创业教育发展十分成熟，创业教育作为一个概念才刚刚引入我国，创业教育在我国的起步更晚。

北京、江苏、河北、辽宁、四川、湖北五省一市在原国家教委的组织下参加了由联合国教科文亚太地区在 1990 年组织的“提高青少年创业能力的教育改革合作项目”。

小企业创业技能课程开展研讨会由原国家教委职教所和联合国全委会于 1997 年在西安召开。教育部在 1998 年将开展创业精神教育列入相关文件，积极鼓励和促进创业教育的发展。

在我国，面积辽阔的农村地区创业教育发展迅速，同时创业教育在一些省市也进行了试点实验，如 1996 年湖南邵阳市人民政府开展的“十百千万”工程，1994 年青岛市人民政府提出的富民工程，河北丰宁、江苏泰兴、广西博白等地区立足于当地的实际情况，开展的培养科技示范户、专业户等各种不同创业教育的活动。

我国早已在职业教育总体目标中明确纳入了创业教育，并已对创业教育进行了有目的、有组织、有计划的研究，不仅研究了创业教育的发展目标及要求，创业教育的任务、性质、实施，创业教育对社会的意义及作用等方面，同时也探索了相关理论，并取得了一些成果。“创业教育系列丛书”是江苏省教科所立足于创业教育理论和实验研究的基础上编写的，并对创业教育的实验成果进行了推广。“农村创业指导为当地经济发展服务的研究与实验”是国家“八五”计划的课题，探索研究了农村创业教育的理论、实践等各方面。

随着经济的发展、社会环境的变化，高校愈发需要开展创业教育。在这种社会背景下，教育部高等教育司于 2002 年 4 月在北京召开了普通高等学校创业教育试点工作座谈会，指明了开展创业教育是高校的重要任务，高校应培养学生的创新精神、创业能力，确定了 9 所大学生创业教育试点院校：北京航空航天大学、清华大学、上海交通大学、中国人民大学、黑龙江大学、南京财经大学、武汉大学、西安交通大学、西部工业大学。以此为标志，高校创业教育开始在行政的引导下开展。

这 9 所作为创业教育的试点高校在本校的基础上开展了各有特点的创业

教育，但是总体上可以分为三种创业教育模式：综合式创业教育、课堂式创业教育、实践式创业教育。

综合式创业教育是一种相对平衡的教育模式，课堂创业教育是这种模式的基础。综合式创业教育不仅注重课堂上理论知识的教授、创业思维的培养，而且重视创业实践活动，为学生开展实践活动提供资金、技术等方面的支持。综合式创业教育模式的优势较为显著，但是其需要雄厚的师资力量支持。这种模式将理论知识和创业实践并重，是一种理想的创业教育模式。

创业理论知识的讲授是课堂式创业教育的重点。在课堂上向学生传播创业知识、提高学生的综合素质，点燃创业激情；在开展实践教学方面主要是开展创业竞赛、创业教育讲座等，学生社会实践经验主要通过参加各种创业社团、社会创业实践来获取。这种教学模式的重点在理论教学，学生可以拥有充足的理论知识储备，但是，实践教学较少，学生实践能力不强。人文科学类的高校较多采用这种创业教学模式。

实际动手操作、参加创业活动是实践式创业教育的重心，从实践活动中学习创业相关知识、掌握提高创业技能是该教学模式的主张。开展这种教学模式对高校有很多的要求，首先高校需要提供充足的资金支持，其次需要建立创业园、创业基地，再次需要成立创业基金会、管理机构等对学生的创业策划、创业活动进行管理，最后需要为学生提供信息及技术咨询服务。这种教育模式对技术要求较高，通常见于理工科院校。

2. 推广期

在高校创业教育试点成功之后，教育部在全国范围内推广高校创业教育，同时在一些学校培训创业教育师资力量。来自 108 所国内高校的 180 多名教师参加了教育部于 2003 年 10 月在北京航空航天大学建立的全国创业教育师资培训班。这次培训效果十分显著，因此，培训班在接下来的几年里将继续开办，这就为各高校创业教育经验交流提供了保障。

3. 与国际创业教育合作的高速发展期

中国国内推广创业教育取得了良好的效果，在此之后，中国积极开展与国际创业教育的合作。其中，典型的合作案例是与 SIYB（Start and Improve Your Business）和 KAB（Know About Business）的合作。

联合国国际劳工组织开发了 SIYB 创业培训体系，支持中小企业在发展中国家的发展和进步。SIYB 针对中小企业的特点创立和开发了培训课程，其教材和管理培训、组织运作模式等较为成熟，超过 80 个国家引入这一体系，对创业教育培训进行推广。中国在 1998 年引入 SIYB，劳动和社会保障部最先与其合作，成立培训机构，培训的目的是培养学生的创业能力，提升他们的创业成功率。在我国，SIYB 最开始的培训对象是下岗工人、失业人员，随着形势的变化、合作的进一步发展，培训对象的范围逐渐扩大。青年学生在 2005 年开始被列入创业教育培训人群。

国际劳工组织创立了 KAB，重点任务是提高大学生的创业意识、创业能力。在国际大学生创业教育培训体系中，KAB 创业项目影响力最大，超过 30 个国家已经与该组织取得合作，共同研究创业教育、开展创业教育培训。2006 年 KAB 开始与中国共青团中央和全国青联开展合作，共同进行创业教育国际项目的开发。清华大学等 7 所高校有 16 名教师参加了 KAB 于 2006 年 1 月在北京举办的创业教育讲师培训研讨会。在第一次合作取得圆满成功之后，2007 年 3 月，KAB 创业教育中国测评中心在北京市正式成立，这不仅标志着中国高校创业教育成功与国际合作，同时还标志着 KAB 创业教育项目正式在我国进入了运营阶段。KAB 于 2007 年在沈阳、北京、武汉及烟台都开办过创业教育讲师培训班，一共有 170 名教师参加了四地的创业教育。各地高校在 KAB 创业教育中国测评中心成立后积极与 KAB 开展合作，如 2007 年中国青年政治学院邀请 KAB 举办创业教育培训活动，除教师参与外，还有 25 名学生也参与了培训活动。教师在 KAB 接受培训之后，回校开展创业知识普及工作，举办讲座，培养学生的创业能力，开展创业实践活动，收到了良好的效果。

（二）国内创业教育的发展前景

我国高等院校的创业教育工作刚刚起步，但是具有广阔的发展前景，这主要有以下原因。

1. 社会经济的发展需要创业教育

创业教育的出现和发展是经济发展的必然产物，符合社会经济发展的需要，社会经济水平发展到一定时期，能够为企业的创建提供良好的条件和机会，社会就对创业教育产生了需求。改革开放以来，我国的经济获得了突飞猛进的发展，促进了各方面事业的进步，社会经济水平的提高营造了良好的创业条件，创业教育的出现顺理成章。中国经济发展平稳、迅速，社会环境更加开放，创业教育不断发展成熟。

2. 创业者的创业需要创业教育的指导

大学生创业存在很多的问题和不足，当遇到问题和困难时，大学生的创业积极性容易受到打击，阻碍大学生走上创业之路，如大学生社会关系简单、缺乏社会经验、创业资金不足、相关知识短缺、没有创业经验等。大学生可以从创业教育中学习知识和技能，提高创业能力，接受系统、正规的创业指导。

3. 高等院校有充分的教育资源对学生进行创业教育

开展创业教育培训需要相应的人员、场地、设备、资金等等，例如，开展课堂培训需要场地和专业教师，进行实践培训不仅需要有资金的支持，同时还需要创业基地、创业园区、指导团队等。高校的教学资源十分丰富，可以提供教师、场地等创业教育必不可少的条件，在国家发展创业教育的背景下，国家政府及社会团体组织可以有效帮助高校解决创业资金、创业园区建设等问题，高校开展创业教育的教学资源充分。不同的高校在教育资源上也有差异，一般来说，综合性高校能够提供更丰富的创业教育资源。高校不仅培训本校的学生，同时还可以培训外校学生甚至社会人员。

三、国内一些高校的创业教育分析

（一）清华大学创业教育分析

清华大学第一届“挑战杯”创业计划大赛举办于 1998 年，这是我国高校开展创业教育的发端，具有十分重大的影响力，从 1999 年开始发展为全国性竞赛。2002 年，教育部对该竞赛提供指导，“挑战杯”创业计划大赛具有了更强的权威性。

1999 年，清华大学成为全球商业计划竞赛联盟（Global Start-up Workshop）的第一个亚洲成员。清华大学立足于经管学院技术经济与管理系，在 2000 年正式成立了中国创业研究中心，积极开展创业教育，主要有开展创业管理培训、创业投资教育等，同时还开展了实践教育。清华创业教育受到了中央电视台等国内主流媒体的关注和报道。

清华大学和美国伯克利加州大学的全球技术创业教育项目启动仪式在 2009 年 6 月 26 日正式举办。清华大学和美国伯克利加州大学从此开展合作，由专业的创业导师对清华大学有创业意向、创业激情的高年级本科生及在校理工科研究生提供专业辅导，同时，向其开放由清华大学和伯克利加州大学技术创业中心全球创业试验室构建的全球创业网络，提高学生的创业精神、创业知识储备、创业能力等，把学生培养成为能够满足企业实现自主创新和提高国际竞争力需要的人才。

第一届创业者训练营由清华大学中国创业研究中心、清华大学经济管理学院、清华大学经济管理学院 EMBA 教育中心于 2010 年 7 月 12 日—16 日在清华大学经济管理学院联合举办。第二届清华大学中国创业者训练营由清华大学创业研究中心、清华大学经济管理学院EMBA教育中心和清华大学中国金融研究中心于2010年12月8日—12日在深圳共同举办。到目前为止，清华大学已经成功举办了十七届创业者训练营。对于我国的创业者来说，清华大学中国创业者训练营是学习创业知识，与风险投资者、投资机构建立联系和沟通的一个平台，创业者通过这个平台提高了自己的创业能力，提高了创业成功率。

清华大学在组建自己的创业教育机构时积极与国际性创业教育机构合作，同时，清华大学还主动开设了一系列的创业教育课程。选修课“技术创业——未来企业家之路”于2005年由清华大学与微软中国研究院合作开设；选修课“创业机会识别和商业计划”于2006年由张炜、梅萌、高建开设；选修课“创业领导力”于2007年由陆向谦开设。当这些课程被开设后，学生选择的机会增多，能够选择自己需要和感兴趣的课程，通过对课程的学习拓展自己的知识面，提高创业能力、管理能力、自身素质、实践水平等。

清华大学不仅加强了对学生创业的培训和教育，同时还通过向学生提供创业资金、优惠的办公场地等制造良好的创业环境，促进学生创业。

清华大学的创业教育经过十几年的发展，在理论研究和实践研究两个方面都取得了不错的成果，极大地促进了我国创业教育的发展和普及。

清华大学在开展创业教育的初期阶段，实践锻炼是其主要采用的模式，这种模式有效锻炼提高了学生创业实践的能力，但是这种模式对学生创业理论基础的重视不足。现阶段，学生不仅可以从清华大学得到创业实践的机会，还可以接受多样化的创业理论教育，极大地丰富了学生的创业基础知识。

（二）黑龙江大学创业教育分析

黑龙江大学开展大学生创业教育主要是由实体化、职能化的创业教育机构来进行的。黑龙江大学在校领导层的带领和支持下，建立创业体系保障创业教育开展，建立了创业教育学院、创业教育领导小组、创业教育中心、大学生科技园等机构。

黑龙江大学的大学生创业教育从2002年开始实现了学分制，将8学分的创业教育必修学分纳入总学分中，同时在人才培养方案教学计划中进行落实。创业学分与学生在校期间的创业意识、参与创业培训情况、创业活动参与程度，甚至学生参与创业园、校企合作训练等均有关系。立足于不同专业、不同学科的特点，学生可以通过100多种不同的创新创业活动获得创业学分，突出体现了创业教育的特色。创业教育学分制为创业教育体系的构建提供了可能，提高了大学生的创业意识和创业能力。

黑龙江大学改革创新了创业教育的评估方式，同时，黑龙江大学还组建了具有创业培训师资格的创业教育队伍，该队伍由13名专职教师和部分兼职教师组成。学校开办各种创业讲座，邀请企业、税务等领域的专家对学生进行创业教育指导，提高学生在管理、策划、税务等各方面的专业能力。

黑龙江大学在创业教育理论基础知识方面开展了认证培训课程、创新创业选修课程等，提高了学生的创业水平。创业教师使用SIYB教学方法开展创业培训课程，利用启发式、互动式的教学方法，如案例教学、游戏法、头脑风暴、角色扮演等提高学生的学习兴趣和学习效果。何梦媛（创业教育学院教师）认为："这种独特的互动教学能够极大地激发同学们的想象力、创造力，教师也受益颇深，学生们的创新思维、多角度分析问题的能力、团队合作时所激发的创造力同样开阔了教师的思路。"

黑龙江大学通过学生科技园开展创业实践教学，学生主要通过"以练促学""以学代练"等来学习掌握创业知识和创业技能。学校通过"大学生实践企业合作计划"将42家企业作为校企合作创业实训基地，学生能够有机会参观企业、参与企业项目研究及业务拓展等不同的实践活动。

黑龙江大学除了开展理论教学和实践教学外，在提供创业环境和创业条件等方面也做出了很大努力。学校在2004年设立了20万元的学生创业基金，在经过学校的审核后，创业团队可以得到3000 ~ 8000元不等的种子基金支持。同时，大学生还可以从学校得到技术支持、信息支持、中介服务等不同方面的帮助。

黑龙江大学经过几年的尝试，在创业教育方面取得了一定成就，如衣俊卿（黑龙江大学原校长）发表了《对高等学校开展创业教育的理性思考》（《中国高等教育》2002年第10期），2008年11月17日吴金秋发表了《创业教育助推人才培养模式创新》（《中国教育报》）。黑龙江大学不仅在理论方面有一定成就，同时还取得了一些科研成果。其中，取得国家专利的项目有物理学院物理学专业学生吴英杰研发的"被监护人专用手机"，黑龙江大学新闻传播学院广播电视编导专业学生王德亮研发的"电动涂卡器"等。另外，学生许龙桃筹建的"天勤图书审读工作室"等项目获得创业种子基金支持，效益良好。

黑龙江大学开展创业教学主要是通过建设实体化的创业教育学机构，这种教学模式能够有效改善传统上权责不明的情况、落实创业教育。但是这种教学模式需要建设大量的组织机构，极大增加了创业教育的成本。

（三）武汉大学创业教育分析

武汉大学采用创新为核心的教育模式来推动创业教育的开展。

“武汉大学本科教学改革与发展行动计划”于2001年开始实施，它把原来培养“专才”改为培养基础好、口径宽的“三创”复合型人才，并提出培养学生掌握最基本的创新创业知识和思维的能力，改革创业课程、调整教学内容和方法、及时更新教材等本科教学任务。武汉大学从此开始推行将创造教育、创新教育、创业教育合为一体的办学理念。武汉大学制定了《武汉大学“创新学分”制度实施细则》《武汉大学创业教育实施方案》《武汉大学本科教育改革与发展行动计划》等政策，保障办学理念的推行，同时从制度层面强有力的保障了“三创”教育的落实。

1. 在课堂教学中渗透和实施创业教育

教学活动是人才培养的主要方式，教学活动传授知识、提高素质、培养能力最主要、最有效的途径，教学活动的主要形式是课堂教学。课堂教学在创业人才培养中具有重要的作用。武汉大学要求每一位老师将创业精神的培养融入自己的教学内容中去，在日常教学中渗透创业教育；同时，改变传统课堂教学中以教师讲授为主的模式，充分发挥学生的主体性，体现学生的主体地位。教师应发挥主导作用，在传统教材知识体系的基础上，加入新发现、新成果、新知识等，并在教学中开展各种形式的师生互动、生生互动，实现在课堂教学中开展创业教育。

2. 加强实践教学环节，培养学生的创业能力

武汉大学在实践教学方面进行了大力改革，不仅对传统的实践教学体系进行了调整，同时还大力建设高品质、大规模的实验室。从优化专业培养过程的角度来看，新的实践教学体系把专业特点和实际情况结合起来，包含课程设计、教学实习、课程实验、科研训练、毕业实习、社会实践、毕业设计（论文）等多个环节。武汉大学同时还开展了大学生科学研究训练计划项目立项和实践教学改革研究立项等工作。

3. 建立“创新学分制”，引导和鼓励学生创新、创业

武汉大学建立“创新学分制”，促进学生参与创新创业学习和活动。专家等专业评审对学生的发明创造、公开发表的作品、学术竞赛、科研成果和社会实践等进行审核，之后授予可计入学生总学分的相应学分，并可以免修部分课程。

4. 充分发挥第二课堂的独特优势，精心构建创业教育的活动体系

充分发挥第二课堂的作用，坚持开展各种不同形式的创业教育方面的活动，如讲座、专题培训、竞赛、沙龙、论坛等，通过第二课堂传播创业知识。

成立创业教育相关组织机构，如“大学生创新实践中心”“大学生创业指导中心”等，充分发挥现代网络技术手段的作用（如建立“大学生创新实践网”），学校邀请教育界、企业等不同领域的专家、学者来校开办创业教育方面的讲座，学校为大学生创新创业活动的开展提供体系保障和技术等方面的支持。

武汉大学从2000年开始，每两年举办一次创业计划竞赛，通过创业竞赛活动模拟创业实践，使学生有机会接触模拟实践，展示自己的学习成果，积累创新创业的经验，提高大学生创业实践活动的水平。

武汉大学的“大学生科学研究训练计划”在2001年启动，旨在提高学生的实践能力。紧接着，“创新学分制”在武汉大学推行，目的是促进大学生创新创业。2002年3月，武汉大学建立大学生创业基金会，同时宣布允许大学生休学创业，创业者本科可读6年，从资金和时间各方面支持大学生创业。武汉大学青年互助中心成立于2009年3月，在互助中心启动之初，该中心便有17家中小企业进驻，学生可以从这里得到创业辅导、见习岗位等服务。由政府出资、武汉大学主办的“大学生创意创业孵化器”在2009年4月正式启动，湖北省全省所有高校在校生及毕业两到三年的学生，只要愿意进行创业，就可以向孵化器管委会申请，在经过审核批准后，学生可以得到孵化器免费提供的场地、法律、财务等各方面的支持与帮助。

武汉大学在开展创业教育以来取得了不俗的成就。在2000年举办的第二届“挑战杯”全国大学生创业计划竞赛中，武汉大学取得了团体总分第三名的好成绩。同时，武汉大学学生李华的创业团队成功组建了珈华科技公司，武汉大学有多家由学生创办的公司。这些现象十分清楚地展示了武汉大学开展创业教育的成功。

（四）上海交通大学创业教育分析

上海交通大学创业教育的开展立足于“三个基点”（素质教育、终身教育和创新教育）。在“三个转变”（专才向通才转变、教学向教育转变、传授向学习转变）思想的指导下，上海交通大学把创新教育作为基础，在日常教授专业知识的同时培养学生的基础创业素质，把第一课堂和第二课堂结合起来，注重提高学生的创业能力和创业水平。

1. 建立科学合理的课程体系

第一，对原有的教学计划进行修订，推进PEP、PRP项目建设。上海大学大力推动修订教学计划，减少学生必修课的课时，同时增加选修课课时，给学生学习提供更多样化的选择，使教学中创业课程和创业实践的比例更加合理，给学生参与创业教育提供更多的时间和空间。2001 年，上海交通大学推出本科生实验计划（PEP）、本科生研究计划（PRP）项目。这是第二课堂的一种形式，目的是培养学生的创新意识，强化本科生“理论教学、实验教学、科学研究”三者的结合，促进学生自主学习及研究性学习，促进和完善学分制改革。在教师的引导下，学生参与 PEP、PRP 项目并通过答辩可以获得相应的学分。

第二，开放专业课程，拓宽学习途径。上海交通大学为了加强创业教育，将所有创业类的课程向全体学生开放，学生可以利用学校的各种课程资源。学生实现了跨学院、跨专业选课。学校原有的课程秩序被打破，学生的学习自主性得到了加强。同时，考核方式实现了多样化，通过笔试、论文、口试等多种考核方式锻炼学生独立思考的能力，提高学生思维的灵活性，培养学生的创新创业能力。

第三，增设创业选修课程，培养学生的创业意识。改革学分制，将创业学分加入总学分中。上海交通大学自 2005 年起增加了“大学生创业”“大学生创业心理辅导”“大学生就业与择业”等创业选修课程，由学校就业指导中心老师、上海交通大学安泰经济与管理学院、学校团委进行授课，每门课程可得 2 学分。上千名学生通过这种方式增强了创业意识，同时获得了学分。

第四，对实践教学进行改革，提高学生创业实践水平。在开展实践教学上，需要重点体现实践的创造性和设计性，尽量减少验证性、演示性的实验，积极开展综合性、创新性等性质的实验，提高其所占比例，培养学生创新创业能力；将学分和各种不同形式的实践活动结合起来，引导学生参与，使学生的创新思维、创业心理、实践能力等创业基本素质得到锻炼和提高。在培养创新创业人才上，学校方面立足于国内外的学科竞赛情况提出科研项目；实验室立足于现有的设备、环境条件等制定出合理的研究课题；教师从自己的科研课题中，选择部分内容进行分解，形成小型研究项目；学生主动研究自己感兴趣的课题和方向。上海交通大学已经建立十多个创新实验室，范围包括文、理、工、经、农、医、管、药、法等多个学科，如机械与动力工程学院的“机器人实训创新实验室”，电子信息与电气工程学院的“上海交大—泰克科技创新实验室”和“上海交通大学—微软智能计算及智能系统实验室”等。

2. 完善内涵丰富的实践体系

创业教育虽然有着非常丰富的内涵，但仅仅利用形式单一的课堂教学来提高所学知识的综合运用能力是不可能的。根据这一问题，1999 年，上海交通大学提倡学生在学好专业课程的同时，也不能忽视学习科技创业的知识与技能。因此，上海交通大学应以创业计划大赛为核心努力提高学生的创新精神和创业意识，将“机构—学生科技创新实践中心—建设”作为主线来构建以“I-Seminar 论坛”为主的学习交流平台，并丰富和改善以“唐仲英学生创新创业基金”为中心的扶持体制综合式创业教育。

第一，以创业计划大赛作为重点，提高大学生创业意识。1999 年，上海交通大学为了完善大学生创业教育，举办了首届创业计划大赛，大赛包括创业论坛、组队沙龙和比赛培训等项目。9 年以来，学校为了倡导大学生积极创业，在创业计划大赛的基础上，举办了很多活动，比如举办创业论坛并邀请一些专业风险投资专家参与其中、开展创业沙龙、能够咨询创业计划的活动、涉及商业计划书写作的讲座、在 BBS 网络虚拟社区平台上谈论有关创业的话题、针对创业大赛的主题成立网站等。至今，每年都举办创业计划大赛，已经连续举办了 8 年，每年约有一百多名同学参加比赛，且有很多个团队得奖。

第二，以机构建设作为主线，成立大学生创业队伍。为了完善大学生创业教育，学校建设了创业机构——学生科技创新实践中心（又称为“科创中心”）。学校的创业计划大赛吸收了上海创业园区的有效方法，并根据市场需求培养优秀人才，将科研工作与实践经验密切融合，并打造了一个科技创新导航队伍——包括高年级本科生和研究生，以建设科创中心为核心，新建了一个科技创新平台，能让全校学生进行交流和学习。

科创中心设有很多职能部门，如创业导师专家顾问委员会、人才资源管理中心、项目管理中心和科技创新成果的转化基地等。科创中心有很重要的任务——邀请导师和评委（一般是专业的专家顾问）来指导参与创业计划大赛团队的工作，负责联系策划、组织和指导学生积极创新就业，管理唐仲英学生科技创新创业的基金等。

第三，以 I-Seminar 论坛为主要创业交流学习平台。科创中心主动倡导学生可以在“I-Seminar 论坛”“I-Seminar 直播室”等平台进行培训、讨论和学习交流，努力打造一个跨专业的学生创新人才、科技实践和科技成果转化的学习、讨论、交流平台。

现阶段，每年都要举办近 40 次的“I-Seminar”系列活动，这就引起了在校学生——本科生、硕士生、博士生和 MBA——的极大兴趣，进而使得“I-Seminar”系列活动成了学生的关注焦点。

第四，“唐仲英学生创新创业基金”支持并保障综合式创业教育的进行。学校于 2001 年设立了“上海交通大学唐仲英学生科技创新创业基金”——由企业家唐仲英投入资金，在校学生进行科技研究、创业活动所需要的费用由该创业基金专门提供。现阶段，学校每个学期都有80多个学生科技项目，这些项目都申请的是“唐仲英学生科技创新基金”。此外，该基金对科技项目也有孵化引导作用，如“祺瑞科技”得到资金支持，促进其创业项目快速发展。

第三节 国内高等院校大学生创业教育出现的问题及原因

一、对创业教育的认知水平不够

我国的就业制度由“国家包分配”改为现在的“自主择业、双向选择”，于是国内高等院校教育学生在择业和就业时要遵从“自主、竞争、凭实力择业”的原则，却忽视培养学生自主创业的意识，教育学生如何去适应职业和岗位，却忽视引导学生去创造职业和岗位，导致没有一个好的创业氛围。

1. 国内高等院校管理者对创业教育的认知水平不够

国内大部分高等院校的管理者把创业教育仅仅看作就业指导的一小部分内容，对创业教育的认知是仅仅从就业技巧、形势、政策及学生的就业心理方面进行指导，忽视对学生创业意识、精神和能力的教育。管理者对学生的创业教育认知水平不够，认为只进行简单的创业讲座和举办创业计划大赛即可。

此外，很多国内高等院校管理者忽视了学生的主观能动性和创造性，对学生的个性和创造性发展未重视起来，没有意识到学生需要全面发展，只是简单地以为大学生只要学好专业知识即可，创业教育无关紧要。这种传统的、狭隘的、片面的、封闭的就业教育观念是不可取的。

2. 国内高等院校大学生对创业教育的认知水平不够

许多大学生对创业没有正确的认知，认为只有找不到工作才去创业，这是很丢人的，他们觉得只要大学里好好学习专业知识，有学历就能找到好工作。这就造成了大学生在上学期间只重视学习成绩和学历，忽视学习方法、创新意识和自身综合素质的培养。

大部分学生觉得只有学习成绩极好、创新能力极强的少数学生才能创业，大多数学生与创业无关。实际上，国内高等院校进行创业教育的目的是让大多数学生有创业精神、意识和技能，进而可以更好地就业和创业。

3. 家庭和社会对创业教育的认知水平不够

许多父母对孩子大学毕业后就立马创业的情况持否定态度，尤其是那些来自农村或者城市低薪的家庭，将孩子抚养长大、上完大学就很不容易，再加上学生需要大量资金支持才能自主创业，且创业期间也会有风险，因此，家长不支持大学生自主创业。

社会上有些人对于大学生在校期间创业持否定态度，他们觉得大学生在校期间应该认真学习专业知识，而不是不务正业、荒废学业，这样就阻碍了大学生创业，这种现象说明社会对创业教育的认知水平不深、不全面。

我国教育体制由“精英教育”改为现在的“大众教育”，现阶段，很多大学生发现大学毕业后就业非常困难，影响大学生就业的关键因素是改变原有的就业观念，必须改变教师和学生的观念，进而对创业教育有全面的认识。家庭、社会、学校要从不同的方面来提高大学生的创业意识，有以下几项措施：

第一，应寻找促进学生成才的方法，学校可以将“学生定位”转变为“人才定位”；

第二，应开阔创新教育的思路，可以将人才培养的类型由“知识型”转变为“能力型、综合素质型、创造型”；

第三，应有特色地办学，有特色就有个性，有个性就能创新，个性化办学有利于创业教育的发展。

二、缺乏对创业教育的深入研究

1. 国内高等院校创业教育理论研究不够深入

教育在不同发展阶段会遇到各种各样的问题，教育发展和社会发展应相互协调。教育科学研究部门和国内高等院校共同围绕着“创业教育”这个主题，经过探索、研究和讨论，最终建立了一套比较完整的理论体系。自 20 世纪 90 年代中期至今，根据每年我国发表的论文和学术著作的数量，能够发现我国在研究创业教育理论上有很大进步。但是根据现阶段取得的成果来看，我国发表的论文或学术著作的数量和质量都还处在萌芽时期。因为国内高等院校研究创业教育理论不够深入，没有雄厚的理论论述，对创业教育实践经验总结也不充分，进而导致理论不能很好地指导实践。

2. 国内高等院校创业教育与学科专业教育脱节，专业的创业教育课程匮乏

现阶段，由于国内高等院校整体教学体系中还未涉及创业教育，因此创业教育与学科专业教育关系不紧密，学校进行创业教育也只在业余时间，导致创业教育与学科专业教育严重脱节，学生自身也不能很好地发挥专业优势。这告诉我们：创业教育必须和学科专业教育共同发展，人的创造性与具体的

技巧和技能不同，它是不能被直接教授和传授的，而是通过所学科学知识中涵盖的文化精神感化后潜移默化地形成的。

培养大学生创新精神和创业能力的重中之重是开展创业教育课程。现阶段，我国创业教育课程滞后，缺少课程资源，内容不集中，没有形成完整的课程体系，只重视举办创业实践活动，主要表现为以下三个方面。

第一，缺少教育课程资源。国内某些高等院校开设创业教育课程一般只针对商学院、管理学院、工学院的学生，但是开设创业教育课程的目的不明确；甚至国内大部分高等院校宣传创业教育就只针对毕业生，其他在校大学生的所学课程压根没有涉及创业教育方面的知识，这样导致学生对创业教育思想一无所知，不能对创业有明确地认识，就更不要说学生的创业素质和能力有多高了。长此以往，创业教育水平就会停留在原地，就会落后。

第二，内容不集中，没有形成完整的课程体系。国内一小部分高等院校虽然有开设创业教育课程，但是课程内容单一、不集中，比如：没有与创业相关的必修课，只有选修课；仅仅举办一些有关创业的讲座。这种只注重形式不注重内容的做法不利于创业教育思想的传播，使得创业教育缺少逻辑体系，没有形成完整的创业教育课程体系。

第三，只重视举办创业实践活动。国内某些高等院校开设创业教育课程仅仅注重创业实践，忽略了学生创业理论知识的积累。例如，举办创业设计大赛、创业论坛、去相关企业实习等等，虽然这些做法有利于学生的实践操作技能的提高，但是学生的创业知识素养很难提高。这种形式导致创业教育处于孤立状态，严重脱离了基础、专业教育，使学生所学知识单一不成体系，必须将创业理论知识和创业实践技能结合起来，才能更好地提高学生创业意识、创业素质和创业能力。

创业教育课程教材也存在很多问题，必须重视起来。教材是呈现创业教育知识和内容的关键，只有教材内容规范了，创业教育才能稳定健康地发展，才能保障创业教育获得良好的效果。我国创业教育课程教材存在的问题具体表现为：

①创业教育教材没有雄厚的理论依据，对创业实践不能发挥最大作用；

②教材西化，跟我国创业实际情况不符，大部分创业教育教材都是国外教材的翻译版，因为我国与西方国家的经济发展、国情以及创业教育思想不一样，这类教材不利于我国大学生创业；

③某些教材里面只涉及一些创业活动、创业相关案例，且逻辑混乱、系统性不强、理论分析不全面，不利于指导实践。

三、创业教育资源严重匮乏

我国创业教育资源严重匮乏的原因是：人口众多，相对落后的生产力水平。投入的教育资源不够将会阻碍我国创业教育的健康快速发展。

1. 教育人力资源匮乏

教育是有目的地培养人，既能够呈现在“生产者”身上，又能够通过“生产产品”呈现出来。教育人力资源——广义上来说，主要是指与教育相关的人；狭义上来说，一般指做教育工作的或服务于教育的人。教师是狭义上的教育人力资源，我国教师总量——尤其是高中教师和大学教师——严重匮乏。现阶段，我国国内一些高等院校也缺少普通文化课教师，创业教育的师资力量就更少了。

首先，教师自身缺少创新精神、创业意识。现阶段，很多教师仍然保留着传统的教学方法——“传习式”，只注重单学科“知识型”人才的培养，甚至有大部分教师觉得衡量“好学生”的唯一标准是学习成绩，只要有大学文凭，大学毕业后就可以找到好工作，不支持学生自主创业。出现以上现象的原因有：①教师自身缺少创新精神、创业意识、创业知识和创业能力；②教师自身不愿意为学生承担任何责任。因此，要想使国内高等院校创业教育快速发展，应提高教师本身的素质，尽量使培养人才的方向由“知识型、传授型”转变为“创新型、全面型”。学校也要积极采取各种措施（如激励机制）来激发教师勇于创新的积极性，定期举办一些有助于教师创新教育教学的活动，邀请专家来定期培训教师，培养教师的创新意识，组织教师探索能够培养学生创新精神、创新意识、创新能力的方法。国内高等院校为教师提供各种有利条件，努力建立一个有很好的素质和创新意识，并积极研究创业教育的教师团队。

其次，教师自身不专业、缺少创业经历。教师自身的素养和专业水平是创业教育成功的关键。教授创业教育的教师不但要有专业的理论水平，还要有足够的创业实践经验。现阶段，国内高等院校大部分教师创业实践经验匮乏，没有自主创业，缺少创业经历，只能纸上谈兵。近几年，国内高等院校聘用的大部分是学历比较高且学术能力很强的教师，但这些教师创业实践技能却很差，然而学校又不敢聘用一些学历低、有较高创业实践能力的人才，再加上我国师范类大学也缺少创业教育，以及国内高等院校中设立创业管理方向的专业也很少，所以导致创业教育的教师严重匮乏。

教授创新创业教育的教师跟教授普通文化课程的教师有很大的不同，他除了要传授给学生创业的理论知识，关键是要激发学生创新创业的兴趣，并利用师生互动的教学方法从根本上调动学生创业的积极性，发挥他们的最大潜能去从事创业活动。现阶段，国内高等院校举办的创业教育教学培训活动中针对的对象是：①以前教过企业管理专业的教师；②指导学生创业就业的教师。他们有相同的弱点——本身缺少创业经验，在创业教育教学中，大多讲的都是理论知识，很少讲实践经验。所以，国内高等院校应该重视在创业教育方面培养专业的教师。

季学军说："我国师范生的培养没有渗透创业教育，导致师范生在创业意识、创业心理品质、创业能力、创业社会知识结构等方面存在着诸多不足。"这句话用来形容我国教师培养的状况再合适不过了，有句俗话说得好，"有什么样的教师就培养出什么样的学生"，必须将培养优秀的创业教育师资队伍提上日程。创业教育能否顺利进行取决于创业教师队伍是否专业，因此，要对任课教师定期进行创业教育和培训。

2. 教育财力资源匮乏

教育财力资源，简单来说，就是教育经费。教育财力资源匮乏的原因是我国对教育的总体投入占 GDP 比例较小，教育经费占 GDP 比例虽然超过了4%，但我国在教育方面的投入远远低于发达国家，甚至低于某些新兴工业化国家和同等水平的发展中国家。教育财力资源匮乏阻碍了我国教育的快速发展。与义务教育不同的是，社会上有些机构会捐款支持创业教育，创业教育的费用不需要国家全部承担，只需承担少部分即可。但是根据现阶段我国生产力的发展水平，再加上我国对教育的总体投入低，所以，国家对创业教育的财力支持也会受限。

3. 教育物力资源匮乏

教育物力资源即"硬件"条件。现阶段，我国对教育的支持能力有限，尤其是对教育的总体投入低，这造成了很多问题，比如办学条件差、教学设备落后、现代化教育技术水平低等。物力资源是实施创业教育活动的物质基础，我国教育物力资源匮乏不利于教学方式方法的选择，进而导致教学的灵活性、生动性降低。

四、创业教育缺乏浓厚的文化氛围

1. 缺乏校园创业文化氛围

国内高等院校文化分为校园文化和社会文化。校园文化表达的是一种观念，在学校的制度和物质环境中有所体现，它能指导、塑造、培养和提升创业素质，对学生起潜移默化的作用。校园文化建设中加入创业教育，使学生对创业教育有了深入理解，这不仅有利于培养学生的创业意识和创新精神，同时也会对学生思想行为和心理品质产生持久的影响。通过实践得出结论，文化背景深刻影响着创业教育。然而，现阶段我国大部分高等院校创业教育缺乏浓厚的、完善的文化氛围，国内高等院校内部以前的文化氛围、人才培养模式、激励机制、考核方式都不利于提升学生的创业素质，学生在校内感受不到一往无前、迎难而上的创业氛围。

2. 缺乏优越的社会创业环境

良好的创业教育文化氛围不单单包括浓厚的校园文化氛围，还包括优越的社会文化环境。优越的社会文化环境会对大学生积极和主动创业产生很大影响。所以，要想更好地实施创业教育，需要学校、政府和社会共同参与。现阶段，社会传统文化在大学生创业的人际关系方面造成了一定的负面影响，再加上社会本身对创业就持一种不确定、既不支持也不反对的态度，这样的社会环境不利于大学生积极创业。除此之外，在创业方面大学生不是主要力量，这导致政府对大学生创业不够重视，虽然在工商、税务方面支持毕业的大学生创业，比如资金贷款方面会有优惠，但是在企业、人事、投融资等方面在制度上也没有给予足够的支持，并且没有相应的一套比较完善的支持大学生积极创业的政策。

目前，大部分国内高等院校只是口头上说要进行创业教育，但并未真正意义上实施，只是空喊口号，不足以重视创业教育。国内高等院校对于创业教育的概念和意义不能深入理解，创业教育的课程体系也不健全、不成熟，实施创业教育只针对即将毕业的大学生，并且只是进行“竞赛”活动，甚至在图书馆也很难找到有关创业教育的书籍，以上问题直接抑制创业教育的快速发展，不利于大学生积极创业。

所以，随着社会经济飞速发展，新挑战、新形势和新要求随之而来，国家应当注重鼓励和推动国内高等院校从根本上转变办学指导思想。创业教育是一种新的教育理念和模式，既对素质教育的概念有合理的体现，又注重培养学生的实践能力和创新创业能力。高等学校要使人才培养规格灵活化，形成各种各样的满足社会需求的人才，并利用人才培养推动大学生积极创业和提升创业水平。

五、创业教育的管理模式有待完善

国内高等院校不能全面理解创业教育的管理模式，因此，未能形成一套健全的、完善的管理模式。我国大部分高等院校管理者自身缺少创业教育理念，进而忽视国内高等院校大学生创业及创业教育，一般是临时成立领导小组来实施创业教育或者举办创业活动，大部分国内高等院校的创业教育部门是负责学生工作的团委或学工处。要使创业教育作为学校一门学科进行开展，教学管理部门要充分发挥作用，学生管理部门也要积极配合并辅助教学管理部门参与创业教育。现阶段，我国具备比较规范的大学生创业教育中心的仅仅有几所大学。我国几乎所有国内高等院校的创业教育组织都是临时建立的，并不属于学校正规的教学管理，缺少系统性管理，这样的创业教育只停留在表面，不能取得良好效果。虽然有些国内高等院校的创业教育小组组长由校长或书记担任，但是实际上国内高等院校并未真正将创业教育重视起来。因此，国内各个高等院校应理论结合实践，深刻理解创业教育的内涵，通过研讨和论证，将创业教育加入学校正规教学管理环节，建立规范的创业教育机构，进而形成完善的创业教育体系。

第三章　大学生的创新创业教育

大学生在促进社会快速发展和实施科教兴国战略方面扮演着很重要的角色，这就使得社会非常重视大学生的就业问题。创新对大学生能否顺利创业起到关键性作用。另外，近年来大学生的数量越来越多，找到顺心工作的难度也越来越大，创业开始慢慢走进大学生的视野。

第一节　对创新与创业的理解

一、对创新的理解

“创新”产生于“创造”一词，但也不同于“创造”原有的含义，它有自己的特色，有着丰富的含义，我们理解创新的内涵主要从以下四个方面着手：创新的概念、形式、分类和标准。

（一）概念

《魏书》中：“革弊创新者，先皇之志也。”这是历史上第一次出现词语“创新”，之后还有很多史书中也有词语“创新”，例如：《周书》中的“博采遗逸，稽诸典故，创新改旧，方始备焉”；《南史》中的“今贵妃盖天秩之崇班，理应创新”。之后在唐朝时，词语“创新”越来越多地被使用到文章创作中。古籍里的“创新”一词的意思一般是“改革制度”，类似于“革新”的意思。拉丁语里的“innovare”产生了英文的“创新”（innovation），解释的意思是“更新、制造新的东西或改变”。

自20世纪初开始，“创新”不单单是简单的字面意思，而是一种理论。1939年，比较全面的“创新理论”诞生于熊彼特创作的《商业周期》中：“创新是新技术、新发明在生产中的首次应用，是建立一种新的生产要素或供应函数，是在生产体系中引进一种生产要素和生产条件的新组合。”熊彼特所说的创新理论中的“新组合”指的是“产品、工艺、市场、体制和管理”创新等。这种观点过于重视创新在经济学上的意义，而忽视了商业的初始创新。

后来创新的概念被国内外很多学者解释，且他们围绕不同的角度来理解创新，并持有不同的观点。其中，典型的观点有以下四点：

第一，创新的目的是围绕着市场需求来搜索、发现、研究和创造新事物，最终将新事物应用于商业并实现其价值；

第三，创新是利用现有理论知识与信息来创造有价值的新事物的过程；

第三，创新是对新的机构或相关环境认可和适应的过程；

第四，创新是被相关部门接受的新思想、新实践或新创造物。

对于创新的概念，我国理论界一致认为，“创新是新设想（或新概念）在实践中达到成功被应用的阶段”。笔者也同意以上说法。

（二）形式

创新的形式一般有以下三种。

1. 发现

发现是指对事物进行仔细观察进而找到与之相关的原理或法则，即寻找已存在的却鲜为人知的原理、规律和法则。通俗来讲，发现就是让世人重新认识那些以前人们不知道的、且已存在的事物，进而启发人们产生新知识。一般自然界的原理、规律和社会发展规律是发现所针对的对象。

2. 发明

发明是指根据发现的原理或规律，产生新的产品。发明分两类：①基本发明，即创作以前没有的新产品；②改良发明，即赋予已有产品新的功能和用途。

3. 革新

革新是指改变以前传统的观念、风俗和制度，揭示出新的观念、想法、学说、艺术形式等。

（三）分类

围绕不同的角度将创新分类，可分为好多种类：

围绕进程强度分类：激进创新与渐进创新；

围绕主体模式分类：个人创新、合作创新、模仿创新；

围绕创新与产业之间的关系分类：根本性创新、渐进性创新、结构性创新；

围绕意识形态分类：观念创新、思想（思路）创新、意识创新；

围绕不同的社会活动分类：技术创新、教育创新、经济创新；

围绕市场经济范畴分类：市场创新、营销创新、广告创新；

围绕不同种类的人群分类：技术人员创新、企业家创新、领导创新；

围绕组成经济建设的要素分类：商业创新、企业创新、民营企业创新；

围绕改革内容分类：体制创新、机构创新、职称评价创新；

围绕不同的社会功能分类：职业创新、教育创新、管理创新。

（四）标准

新颖性和价值性是衡量创新的标准。

1. 新颖性

判断是否具有新颖性的标准是：史无前例、推陈出新、别开蹊径、标新立异。

新颖性标准分三个层次：①低层次新颖性（又叫主观新颖性）是指对创新者自己有发展优势；②中等层次新颖性是指针对不同行业领域内的新颖性；③高层次新颖性大多数是涉及原创和发明等世界领域的新颖性。

2. 价值性

判断是否具有价值性的标准是：在具备了新颖性标准的情况下，评价创新成果的理论价值与应用价值。

根据新颖性标准的层次性将价值性标准同样分三个层次：①低层次新颖性的创新的价值性通过对个体自身产生的作用体现出来；②中等层次新颖性的创新的价值性通过对某行业或区域产生的经济、社会效益体现出来；③高层次新颖性的创新的价值性通过对社会产生的影响大小体现出来，甚至会开辟新的时代。

二、对创业的理解

（一）概念

创业的概念包括广义创业和狭义创业。

广义的创业是指人类进行具有开拓发展意义的社会改革活动，涉及政治、经济、文化、艺术等多方面的领域，只要符合人们从事的都是史无前例的事业，就可以看作是创业。

狭义的创业是指个人或者团队有目的性地去创造财富进而举办的各种社会活动。这种社会活动也许别人或别的团队已经参与过，但是创业者自身以前没有参与过，对于创业者自身是新的事业。本书中所提到的创业是狭义的创业。

（二）特点

创业一般有以下五个特点。

1. 利益性

创业者进行创业有各种各样的目的，但不管是哪种目的，都离不开这个目的——获取利益，这也是所有创业者都想获得的。除非创业能够获得利益，否则没人会无缘无故去创业，且还要承担风险。衡量创业者创业是否成功的标志是进行创业后能否取得利益或者取得利益的多少。

2. 风险性

由于创业者以前自己并没有从事过这类创业活动，他们在创业过程中会遇到很多问题和挑战，这就需要创业者要有勇于探索的精神和承担风险的意识。所以，创业具有风险性，且这种风险是不可预测的、不可避免的。

3. 多样性

有句俗话说得好："三百六十行，行行出状元。"创业者应利用创业的多样化特点，在创业时需善于创新，不受传统观念的限制，别出心裁，根据创业活动的实际情况，采取有效措施来适应创业活动的客观实际变化，进而有利于自己创业成功，发展出有自己特色的事业。

4. 现实性

创业者应该清楚，如果自己不根据客观实际情况，仅仅是盲目地创业是行不通的。创业者在创业时应该理论结合实际，还要结合现实中产生的问题，若只是一腔热血，不考虑现实中的实际情况，就必定会创业失败。因此，创业者要想发展拥有自己特色的事业，应该冷静沉着地去分析创业中遇到的问题与挑战，实事求是，并及时采取有效措施解决问题，从而使自己的事业发展得更好。

5. 艰难性

创业这条路上充满了各种荆棘和挑战，若创业者选择创业，就必须坦然接受创业中遇到的风险和问题。无论谁选择创业这条路，都会觉得很艰难，特别是那些没有资金支持、赤手空拳打天下的创业者，只有全力以赴，付出自己的全部心血，经过很长时间的努力和奋斗，才有可能创业成功。因此，创业者应提前做好吃苦受罪的准备。

（三）核心构成要素

创业是由不同的要素相互辅助、一起运行的结果。详细来看，创业者、市场、人力资本、资金和技术等等，这些是创业的核心构成要素。

1. 创业者

创业能否取得成功的关键因素是创业者的综合素质和能力。创业者在创业过程中需具备勇敢果断的能力，不要总是犹豫不定，还需有勤劳苦干的精神；不但要有专业的创业理论知识，还要有良好的综合素质和能力来满足创业的要求。

2. 市场

要想创业成功，也需要市场这个重要平台。在市场中存在着机遇、挑战和风险，因此，创业者在创业前应该认真研究和了解市场的“发展趋势、经营环境、营销手段”等等，这样才可以保证自己的创业项目不与市场脱节，进而满足市场需求。

3. 人力资本

有句俗话说得好：“在家靠父母，出门靠朋友。”每个人都不是孤单的个体，都有不同的社会关系，且很多时候做事都需要别人的帮助。同样，创业也需要朋友或他人帮助，即需要人力资本。有相当一部分创业者是靠亲戚朋友的资金支持或熟人介绍才创业成功的。所以，人脉关系也是创业成功的必要条件，甚至大多数人觉得，与技术相比，人脉关系显得更加重要。

此外，创业者能否“识别人才、重用人才、避免人才流失”，也是影响创业能否顺利发展的因素。因此，创业者需要吸收优秀技术人员和管理人员，建立一支专业的优秀创业团队。

4. 资金

资金是创业能否成功的重要因素。实际上，资金不单单对创业活动很重要，对于任何企业来说资金支持都非常重要，缺乏资金支持就必定会创业失败。

5. 技术

技术，通俗来说，是在实践中运用所学的理论知识的手段、途径、工具或方法。产品或服务中的科学技术含量保障了企业顺利发展，满足市场要求，是企业发展的关键。所以，创业者在满足社会要求的前提下，在创业实践活动中引入先进技术，有利于保证创业获得胜利。

（四）意义

大学生创业对自己和社会都有重要意义，概括为以下几点。

1. 对自己的意义

大学生进行创业对自己有很多好处，具体来说，主要体现在以下几个方面。

（1）促进个人潜能的发挥

每个人都有潜能，且人的潜能是不可以估量的，大部分人都低估了自己，导致自己不敢去做一番事业。大学生可利用自己创业来锻炼自己的毅力和能力，提高自己的综合素质和各种能力——想象力、思维力、创造力等，这些能力本身就是存在的，但是还没有彻底被挖掘出来，利用创业将这些能力挖掘出来，进而促进创业活动的顺利进行。

（2）促进培养吃苦耐劳的精神

创业活动有利于培养大学生吃苦耐劳的精神。由于创业道路上会遇到不同的风险、挑战、挫折和失败，这就需要大学生有顽强的毅力和吃苦耐劳的精神，要有承担风险、解决困难和敢于面对挫折与失败的勇气。

（3）促进自我价值的实现

大学生可以利用创业活动将个人爱好与职业结合起来，然后只身投入创业活动中，将自己的才华和能力最大限度地发挥出来。相比于社会供职，大学毕业生自主创业可以根据自己的喜好或者自己的愿望，使自己的才能尽可能地全部发挥出来，进而促进自我价值的实现。

2. 对社会的意义

（1）促进增加就业岗位

目前，社会经济飞速发展，再加上国内高等院校逐年增加大学生招生规模，进而导致大学毕业生数量越来越多，出现就业困难、就业形势严峻等诸多问题。现如今，大学生就业问题已成为社会、学校、家庭关注的焦点，并给予高度重视。要想有效解决大学生就业困难这一难题，仅仅靠国家政府部门是行不通的，还必须实施大学生创新创业教育，引导和鼓励有思想、有才华、有能力的学生积极去自主创业，进而使自己没有很大的就业压力。除此之外，大学生创业还为社会增加就业岗位，有利于降低社会其他人的就业压力。

（2）促进培养优秀企业管理人才

创业本身就充满了挑战和风险，这有利于大学生在创业过程中提高自身顽强的毅力和勇于探索、承担责任的勇气，还可以使大学生形成市场观念，进而使大学生的综合素质得以提高，促进培养出满足社会需求的优秀企业管理人才。

（3）促进创造出新的生活理念

为了适应新时代的发展，创业者发挥创新精神，为社会创造新产品、新服务、新经营方式。这样的创新成果改变了人们的生产和生活方式，促进创造出新的生活理念。

（4）促进兴起创造型文化

过去我国大学生毕业后大都处于这样的文化氛围——“啃老”或者“分配”。“啃老”指的是不管是他们的生活还是工作都由家长负责；“分配”是指大学生在校期间由学校负责，大学生毕业后的工作也要由学校负责来找。如今，随着时代发展，人们的生活理念发生变化，大学生创业问题成为社会的热点问题，国家为了鼓励和支持大学生创业制定了一系列相关的政策法规。在此形势下，逐步产生了创造型的文化，再加上受大学生创业热潮的影响，以前的“啃老”和“分配”文化必将被创造型文化所代替，这将促进整个社会兴起创造型文化。

（5）促进高等教育的改革与创新

选择创业的大学生呈现出他们积极乐观、敢于吃苦奋斗的精神，他们在创业时会遇到很多不同的问题，这些问题就揭示了高等教育的不足之处，进而使国内高等院校的教育观念进行转变。用新的教育观念、评价体系进行人才培养和教学模式改革，促进高等教育的改革与创新。

（五）必须注意的问题

大学生创业有利于实现自我价值，但是创业过程中会碰到很多问题和风险，要想创业顺利进行，应注意以下几点问题。

1. 明确自己是否适合创业及是否为创业做好充分准备

大学生选择创业是有自己的原因的，他们并非盲目地追随“创业热潮”，而是经过理性思考后才选择创业的，由于只有具有创业能力和潜力的学生才适合创业，因此，大学生应明确自己是否适合创业及是否为创业做好充分准备。总的来说，大学生可根据以下几点来判断：

第一，要清楚自己是否非常渴望创业；

第二，要明白自己是否有创业的潜力和能力，创业成功的把握有多大；

第三，要明确自己是否有积极向上、艰苦奋斗的精神，坚持不断摸索和学习，对市场慢慢熟悉，进而提高自己的综合素质。

2. 要及时把握创业机遇

机遇青睐于那些有准备的人，机遇有两种：第一种是悄然而至的机遇，第二种是自己坚持不懈赢得的机遇。可以根据以下几点内容来及时把握创业机遇。

（1）自己创造机遇

机遇青睐于那些有准备和懂得追求它的人，因此，大学生要提前掌握创业所需的理论知识，具备一技之长，保证自己也可以去创造创业的条件和机遇。

（2）把握时机，快速行动

俗话说："机不可失，时不再来。"时机是创业能否成功的重要因素，然而时机并不会长期存在，转瞬即逝，因此当时机到来时，观察并了解后及时把握，快速决定和行动，不然，错失良机，创业就很可能会失败。商场是很残酷的，正所谓"始如处女，敌人开户，则动如脱兔，敌不及拒"，若可以瞄准时机，及时把握住时机，并快速行动，就有可能使企业获得巨大利益。

（3）要有勇于竞争和冒险的勇气

创业道路上充满了困难、风险和挫折，大学生应具备战胜困难、承担风险、敢于面对挫折的勇气，这样才有利于自己创业成功。大学生在创业时所遇到的机遇大多数都是带有风险性的，创业机遇虽然可以使创业者的收益提高，但是也使创业者需要承担巨大的风险。所以，创业者要有勇于竞争和冒险的勇气，在抓住机遇后大胆闯、大胆试，进而使创业取得成功。

3. 不能忽视市场调查

大学生创业的实践经验比较匮乏。大部分大学生在还没有经过市场调查并彻底了解产品或项目的情况下就开始创业，这就导致大学生创业过程中要走很多弯路，甚至会面临很大风险，造成不可挽回的后果。所以，大学生在选择了创业后，就应首先进行市场调查，只有对市场全面调查并彻底了解产品或者项目，才有利于创业活动健康发展。

4. 具备较强的抗挫折能力

由于大学生在开始创业时会遇到各种各样的挫折与困难，这就需要大学生具备较强的抗挫折能力和很强的心理素质。事实上，创业对于人们来说，既是理想，也是责任。大学生创业者需要把责任变为动力，才有利于自己理想的实现，获得完美的人生。

5. 尽量多发挥自己的优点

"金无足赤，人无完人"，并不是说只有那些"全才""通才"才可以创业成功，那些创业成功的人是因为他们在创业时大都发挥出了自己的优点。总的来说，大学生创业者要尽可能避免自己的缺点，多发挥自己的优点，具体如何发挥自己的优点，主要从以下两点进行阐述。

（1）发现并全面了解自己的最佳智能

俗话说："活到老，学到老。"人们经过在社会上不断实践，知识和能力也会相应地不断增长。所以，大学生在创业实践过程中要不断发现和了解自己的最佳智能。另外，还可以利用别人对自己的评价来了解自己的各方面能力。马克思说："人起初是以别人来反映自己的。"心理学上有一个词语叫"镜我"，指的是利用别人对自己的评价进而全面地了解自己。社会就好比一面镜子，能从镜子里照到自己平时很难看到的东西。然而，要想全面了解自己也不可能一次就能完成，有时候需要对自己的最佳智能做多次调整。发现并全面了解自己的最佳智能对创业能否成功起着非常重要的作用。商场是很残酷的，创业者在创业时只有知己知彼，才能百战不殆。"知己"即全面了解自己能力的优势。

（2）在创业实践中不断锻炼、强化并充分发挥自己的最佳才能

大学生要想取得创业的胜利，仅仅有美好的梦想是行不通的，还必须在创业实践中不断锻炼自己的意志、强化并充分发挥自己的最佳才能。可以这样说，影响创业成败的关键因素是：创业者能否清楚自己的创业目标，能否充分发现、全面了解和充分发挥自己的最佳才能。

6. 要多接受别人的帮助

有句俗话说得好："一个好汉三个帮。"大学生在创业时不要总想着一个人单干——搞"个体户"，单靠一个人的力量是很难取得创业的胜利的，要清楚团结就是力量，因此，创业需要一支优秀的团队，每个人取长补短，这样才更有战斗力。大学生初入社会创业要多接受别人的帮助，这样可以防止自己走很多弯路。大学生如何才能更容易获得别人的帮助？可从以下两个方面考虑。

（1）让别人觉得自己是值得帮助的

那些有经验和有能力帮助别人的人，不会无缘无故帮助自己，他们也会想自己是否值得帮助。一般来说，他们更愿意帮助那些积极向上、有自己的想法、有发展潜力且讲信用的人。因此，大学生必须给想帮助自己的人留下好印象，使其觉得自己值得帮助，这样才更容易获得别人的帮助。

（2）请求别人帮助时的态度要真诚、谦虚

大学生要清楚不是所有的人都会自愿帮助自己，所以请求别人帮助时的

态度要真诚、谦虚，要“三顾茅庐”，让对方感受到你的真诚和真心，进而感动对方，使对方对自己伸出援手。

7. 不要不自量力

大学生在创业时一心想要成功，往往抱有一些不切实际的想法，幻想成为“暴发户”，以至于对一些服务行业或者低技术含量的行业不感兴趣，只专注于需要较多资金支持的高科技行业，导致创业面临很大风险和困难。大学生缺少实践经验，很容易创业失败。所以，大学生创业不要不自量力，要充分认识自身和对市场有一定的了解。

8. 避免盲目追求个人利益

创业的根本目的是服务于社会。一般一些著名的企业家，都会有很大的志向，不仅重视自己的利益，也重视整个企业的发展。甚至他们觉得与个人利益相比，企业发展更重要。我们必须清楚，企业的顺利发展是获得个人利益的前提。

第二节　深入理解创新能力与创业能力

结合创业的实际情况，良好的创新能力与创业能力是大学生能否顺利创业的重要因素，创新能力与创业能力越强，创业成功的概率就越大。所以，必须重视大学生创新与创业教育，进而提高大学生创新和创业能力。

一、对创新能力的理解

（一）概念

创新能力在创造学和心理学上大都用创造力来表示，它是指具备创造、创建、生产、造就的能力。实际上，创新能力并不完全等同于创造力。

庄寿强（中国矿业大学教授）认为创造力是人的一种隐性的、先天性的创造潜力，不受后天学习与经历的影响。然而，创新能力则是一种显性的、后天教育或者培训即可形成的能力，受后天学习与经历的影响。所以，无法测量创造力，但可以测量创新能力。

庄寿强教授虽然区分开了创造力与创新能力，但他却未明确给出创新能力的概念。当前国内学者对创新能力的概念有三种理解。

第一种理解，张宝臣、李燕、张鹏等认为创新能力是个体利用一切已经存在信息（知识和经验等），形成某种具有社会价值、个人价值、特色、新奇的产品的能力。他们认为构成创新能力的因素有三个——创新意识、创新思维和创新技能，创新思维是创新能力的关键因素。

第二种理解，安江英、田慧云等认为创新能力是人们取得、改变和利用现有知识的能力，以及探究与发明新的“思想、技术、产品”的能力。

第三种理解，宋彬、庄寿强、彭宗祥、殷石龙等认为创新能力是以“基础、专业、工具性或方法论、综合性”的知识为基础所产生的一种能力。

虽然以上对创新能力的三种理解各不相同，但也将创新能力的某些内涵特征呈现出来。所以，本书根据以上三种观点，总结出创新能力的概念，即“创新主体在已经存在信息或知识的基础上，对已经发现或发明的客观事物或现象进行重新整合，形成具有社会价值、个人价值、特色、新奇的产品的能力”。这一概念围绕着是否有生产新产品的能力展开叙述，判断的依据是看产品是否具备“特色、新奇、社会或个人价值”，若产品具备这些特点，证明有较强的创新能力，反之则没有创新能力或创新能力差。

（二）构成元素

创新能力是人的综合素质的体现，创业者的创新能力的强弱关系到创业能否成功。所以，全面了解组成创新能力的元素有利于创业者深入理解创新能力的内涵，并有针对性的训练、培养与提高自身的创新能力。

总的来说，创新能力构成元素有以下几个。

1. 发现并提出问题的能力

创新的过程一般会经历一个过程，即“发现问题—寻找资料—弄清问题”，所以，创新者应根据自己现有的知识、价值观、经验和能力来对创新对象的情境、状态和性质进行探究，然后发现并提出问题。提出问题的能力由下面几点能力构成。

（1）抓住经验事实同已有理论的矛盾

一般一些反常的实验结果或者现象大都与已存在的一些理论、概念等有所冲突，为了能够及时从各种微小细节中发现问题，这需要创新者具备抓住经验事实同已有理论的矛盾的能力，然后用合理的形式提出问题。

（2）抓住理论内部的逻辑矛盾

理论内部按道理来说应是和谐的，如果理论内部出现了矛盾，就会产生两个彼此互相对立的论断，那么创新者需要具备抓住理论内部的逻辑矛盾的能力。

（3）有技巧地问问题

有些创新者有时候在发现问题后却不能正确地提问，造成没有良好的提问效果，所以，有技巧地问问题的能力也是创新者发现并提出问题能力的重要组成。

2. 解决问题的能力

大部分人都有提出问题的能力，并且还能提出一些有价值的问题，甚至有些人也明确了解决问题的方案，但是却因为没有良好的解决问题的能力，就无法实施解决方案，造成产品很粗糙，很难有好的效果，最后只能被淘汰，这也就不能算是创新了。因此，创新者想要取得良好的创新的效果，必须具备解决问题的能力。

解决问题的能力主要是指在提出问题后，可以迎难而上、精益求精地去完成创新预期效果的能力，通俗来说，解决问题的能力就是对所提出的问题没有现成的解决方案，而是通过调整问题的状态，使其由“初始状态”转化为“目标状态”，并最终完成目标的过程。

要想完美地解决问题，一般包含四个因素：①要有明确、清晰、科学、合理的思路来解决问题；②要充分掌握专业理论知识和相关理论知识来解决问题；③必须有自己的特色、个性化、独一无二的方法来解决问题；④解决问题要有目的、有方向和有目标。

3. 执行创新方案的能力

创新者要执行自己提出的创新方案，才有可能获得创新成果，这需要创新者具备执行创新方案的能力。可从以下几点来具体说明执行创新方案的能力。

（1）阅读、表达与写作能力

创新者只有将完成的创新方案用文字或语言表达出来，才使人们更容易理解。假如创新者没有良好的阅读、表达与写作能力，自己的内心的思路与想法就很难呈现出来。与文艺写作相比，创新方案的创作需要科学可靠性高，思维逻辑严密性强，这要求创新者有严密的逻辑思维、有充分的论述、有明确的结论和简洁明了的阐述。所以，创新者的阅读、语言表达与写作能力要强，这样有利于快捷高效地解决出现的问题。

（2）提升效率的能力

如果创新者的工作效率提高了，执行创新方案就会事半功倍，那么就会更容易解决问题，因此，创新者应具有提升效率的能力。通俗来说，提升效率就是在规定时间内提高自己的办事速度或者做同一件事情所需要的时间有所减少，这样就能保证在有限时间内，高效快捷地做好某件事情。另外，要想提升自己的办事效率，还应多投入自己的精力和时间，这样才能产生一种能量聚焦效应，进而有利于提升自己办事的效率。

（3）动员号召的能力

创新者多数情况下要想执行自己的方案，必须有一定的动员号召能力，这样不但可以将实施方案的步骤和细节规划好，还能够有足够的人力支持，发挥团队的力量，确保整个方案顺利进行。由此可见，创新者具有动员号召能力是很有必要的。

（4）成功益进能力

事实证明，有些创新者在自己获得成功后，就会沾沾自喜，骄傲自满，进而停步不前，自甘堕落，最后以失败收场。由此可见，成功是没有尽头的，要想不断取得成功，就必须一直抱着谦虚、真诚的学习态度，不要因自己取得小小的成绩，就趾高气扬，玩物丧志，应该自觉抵制诱惑或不良因素，对于获得的荣誉、物质和精神享受要持有正确的态度来对待，千万不要迷失自己的方向。因此，创新者在执行创新方案时，应具备成功益进的能力，有计划地实施，将理论付诸行动，不要总想着目前取得的成绩，应不断去获得新的成功。

（5）一丝不苟的能力

创新者在提出创新方案时一般都很重视方案的原理、巧妙性和可实施性，对于方案的细节之处考虑的比较少。在实际执行创新方案时，有很多创新方案因为不注重细节之处而最终导致失败，所以，创新者不但要重视方案的原理、巧妙性和可实施性，还应注重方案的细节。这需要创新者在执行创新方案时，具备一丝不苟的能力，认真考虑方案的各个细节，并精心分析、制作、完善每个细节，进而在执行创新方案时达到可靠、经济、实用的效果。

4. 把握住机遇的能力

机遇是偶尔出现的，转瞬即逝，能给人们带来转机。人生路上可能会遇到各种机遇，需要及时把握，这会带给人们良好的条件和环境。那么如果创新者在进行创新活动时，能够及时把握住机遇，就会大大增加实现创新目的的可能性。所以，创新者应具备把握机遇的能力。

5. 凭借他人力量的能力

凭借他人力量的能力，简单来说，就是借助别人的优势，来实现自己目的的能力。创新者如果具备凭借他人力量的能力，就能够为执行创新方案提供一定的支持。支持使创新方案的实施很容易进行。因此，创新者很有必要具备凭借他人力量的能力。创新者如何才能更好地运用凭借他人力量的能力？首先，创新者要对自己有一个全面的认识，清楚自己的优点和缺点，这样才能合理、科学地借助别人的力量，才有利于推动创新活动的快速进行。其次，创新者不要盲目地借助别人的力量，要科学合理地选择有利于自己的创新活动的理论知识、信息和手段。创新者可借助最新科研成果、最新或有用信息和社会各界的力量来促进创新活动的进行。

6. 创新型学习的能力

创新需要有积极向上、勇于超越自我、超越当前思维的心态。创新就是识别生存背景发生的变化，并根据这些变化来控制生存状态的活动。它很注重明察秋毫，捕获“学习、生活、事业”创新的方向、主题以及各种方法，进而使自己的成长环境得到改善，同时也有利于社会的进步和发展。根据创新产生的特点可以能看出，创新其实就是一种精神和能力——是创新者有目的地提升自己素质而在创新型生存理念上产生的，而这种精神和能力是创新者创新型学习后产生的，这需要创新者把他们自己的全部活力融入人类“生存源于创新”的理念中，即创新者经过自己不断创新型学习来支持不断创新。因此，创新者具备创新能力的前提是要具备创新型学习能力。

二、对创业能力的理解

（一）概念

创业能力是指在创业活动中呈现出来的影响创业活动效率、促进创业者顺利进行创业活动的知识和技能。在创业活动中，良好的创业能力至关重要，它相比于其他能力来说更加具有综合性和创造性，是创业者必须具备的基本能力之一。

（二）构成元素

创业能力是一种特殊的能力，其构成元素主要有以下几点。

1. 领导能力

当今社会，很多事务大部分都是靠团队的力量来完成的，一个人很难将事情完成得很好，而一个优秀的团队需要一个优秀的领导班子，领导能力的强弱关系到团体的运作情况能否顺利进行。因此，良好的领导能力是创业者所必须具备的能力，无论是个体经营，还是规模化经营，都离不开创业者的领导能力。除此之外，创业者有良好的领导能力，才有利于自己团队的稳定发展，才有利于自己创业事业的顺利开展。

2. 社交能力

社交能力是指人和自己生活的周围环境产生联系并吸收与转化外界信息

的能力，此外，它也涉及如何与周围人相处的能力。社交能力的强弱关系到一个人与外界能否有良好的交往能力，良好的社交能力对于创业者创业来说也至关重要。

3. 分析事情的能力

一个人所具备的分析能力是做好事情的关键能力，因为只有对所要做的事情经过仔细分析并有明确的思路才可以得出正确的结论，然后付诸行动。所以，分析能力也是创业者必备的能力之一。

4. 专业技术能力

专业技术能力是指创业者利用自己所掌握的专业理论知识进行专业生产的能力。事实上，这个概念涵盖两方面的意思：专业知识和专业技能。利用专业知识是指在创业活动中用所学的专业知识来指导实际操作，并产生相应的技能和技巧。创业者掌握专业知识越扎实并能灵活自如地运用，专业技能就越强，创业就会越容易成功。由此可见，专业技术能力是一种特殊的能力，是以专业知识和专业技能为基础的，也是创业活动所必需的能力。创业者专业技术能力越强，才能运用自己所掌握的专业知识更好地指导产品的生产，产生符合市场需求的创新技术，激发创业兴趣和调动创业积极性，并将科学技术转变为生产力。

5. 抓住商机的能力

商机，通俗来说，就是获取利润的机会。它不是时时刻刻存在的，只是出现在某一个阶段，转瞬即逝。当今处于信息化时代，要想取得创业的胜利，必须及时抓住商机，并加以利用，才能使企业有可能获得最大利润。创业者抓住适宜的商机就有可能给企业带来发展的机会，错过适宜的商机就有可能给企业造成巨大损失。因此，创业者应该具备抓住商机的能力，进而有利于使其创业获得成功。

6. 克服挫折的能力

创业者在创业实践中，不管是主观还是客观原因，都会遇到很多困难和挫折。每个人在遇到挫折时所表现出的反应不尽相同，不是每个人都能经受得住困难和挫折。这不但是由于每个人在遇到挫折时有不同的心理状态，而且也是由于每个人在克服挫折时有不同的态度和相应的方法。每个人都应具备积极的心态和适当的方法来面对挫折，这样有利于克服遇到的挫折，提高克服挫折的能力。创业者在创业活动中肯定会遇到不同的大大小小的挫折，如果抱着消极的态度去对待挫折，就会一蹶不振，很容易造成创业失败。

7. 合理使用人才的能力

优秀的人才是企业快速发展的核心竞争力。企业能否合理使用人才关系到企业能否顺利经营。创业者要想创业成功，必须广泛吸纳并合理使用人才，善于利用不同人才的优点，取长补短，最大限度地在创业时发挥他们的优势。所以，创业者应具备合理使用人才的能力，只有合理使用人才，并实现人才价值，才有利于企业快速健康发展。

8. 运用信息的能力

现阶段，信息技术飞速发展，人们的生活与工作都处于信息化时代。创业者进行正确的创业决策和管理同样也都离不开信息。运用信息能力的强弱关系到创业决策和管理能否科学、合理和有效。捕获和收集信息是运用信息能力的基础与前提，创业者要想提高运用信息能力，就必须提前收集和抓住经济信息。

9. 经营管理的能力

经营管理能力是指对企业的人员、资金进行有效和合理管理的能力。创业者在创业时具备的经营管理能力的强弱关系到企业能否生存和健康发展，大部分心企业最终会倒闭，正是由管理者管理不善造成的。创业者应从学会“经营、管理、用人、理财”这几个方面，去努力提高自身的经营管理能力。

第三节　对大学生创新创业教育目标的理解

大学生创新创业教育的目标可以将创新创业教育的基本性质和内部规律呈现出来，所以，有必要全面认真研究大学生创新创业教育目标。

一、大学生创新创业教育目标的特征

创新创业教育的目标是“围绕着社会和人的发展要求集中明确了创新创业教育的规格和要求，是创新创业教育课程和评价体系的依据；是创新创业教育选取教育内容、明确教育方法、实施教育措施的出发点和归宿点”。详细来讲，大学生创新创业教育目标的特征主要有以下几点。

（一）时代性

创新创业教育是新时代的产物，具有明显的时代性，可以从以下几点来深入理解创业的时代性特征。

1. 时代具有整体性

现阶段，大学生生活在一个整体的时代，随着经济全球化，世界各国政治、经济、文化、生存方式逐渐融合，联系日趋紧密，合作也越来越频繁。这就要求大学生要跟上时代发展，大学生创新创业教育培养目标的实现有利于提高大学生的生存、合作和负责任的能力。大学生创新创业教育注重培养大学生的社会“责任感、义务感和道德感”，进而使大学生能够适应时代整体化的生活方式。

2. 时代具有开放性

现阶段，大学生生活在一个开放的时代，各个国家都在增强对外交流，在很多方面进行取长补短，比如工业产品、生活方式、科学技术、文化传统等方面。大学生创新创业教育注重培养大学生这几点心理品质，如外向、合作、敢作敢当等，进而满足打破国界、时代开放的需要。

3. 时代具有竞争性

现阶段，大学生生活在一个竞争的时代，竞争体现出实力和智慧的较量。竞争是时时刻刻都存在的，国家与国家之间、地方与地方之间、群体与群体之间、个体与个体之间一直有竞争。但无论是哪种竞争，归根结底都是人与人之间的竞争，进而呈现出人的综合素质的高低。大学生创新创业教育注重培养大学生经营管理知识、综合性知识的学习和运用能力，使大学生的经营管理能力和综合性能力得以提高，同时也注重培养大学生良好的心理素质，进而促使大学生变为优秀的竞争者。

4. 时代具有变化性

现阶段，大学生生活在一个迅速变化的时代，市场需求和就业岗位变化多端，这就要求大学生要具备各种各样的能力和本领来适应时代发展，比如要增强自己的自立性、独立性、适应性，进而随时准备适应变化和迎接挑战。大学生掌握理论知识要扎实、全面，并应积极主动地去学习，得到综合性知识结构和能力，进而提升自己的综合素质，为创业打下良好基础。大学生创新创业教育应注重培养大学生的创业意识与创业心理品质，促使大学生具备强大的应变能力和耐挫心理，在应付社会的急剧变化时能够得心应手。

5. 时代具有创新性

现阶段，大学生生活在一个创新的时代，竞争要求人们有更多的智慧和力量，而墨守成规、被动适应就会逐步失去竞争力甚至陷入万劫不复的境地，所以大学生应该多追求创新，而不是墨守成规。大学生创新创业教育注重培养大学生创新意识与创新精神，使其既可以传承文化又可以创造文化，培养大学生成为适应时代发展、促进时代变革的优秀创新型人才。

（二）综合性

时代性的这几个特征——整体性、开放性、竞争性、变化性、创新性——要求人们要具备综合能力和素质。所以，大学生创新创业的教育目标也具备综合性。教育目标的综合性虽然也呈现出了时代性，但同时也是时代性的延伸。

现阶段，“通才+专才”，具体地说，就是“复合型人才”和“创造性人才”，是社会急需的人才。所以，世界性教育改革注重培养综合型人才，进而提高人的综合素质和能力。为了跟上世界教育改革的步伐，大学生创新创业教育目标具备综合性特征，从以下几点来理解综合性特征。

第一，大学生创新创业具备的基本素质结构具有综合性。这一结构是综合了很多因素后建立起来的，主要涵盖学习理论知识、提高智力及能力、形成良好心理品质，同时也包括个性意识倾向，如发展自己的理想、兴趣、信念、世界观等，呈现出整体上的综合性。

第二，创业基本素质的结构由“创业意识、创业个性心理品质、创业能力和创业社会知识结构”这四个系统构成。每个系统又由很多因素构成，都具备良好的综合性。另外，每个系统又和整体结构一一对应，这也呈现出素质结构各子系统整体上的综合性。

第三，与基础教育、普通高等教育、职业教育的培养目标相比，大学生创新创业教育的目标更注重培养学生的综合知识结构、素质和能力，其重点是培养学生的综合性能力——善于捕捉、处理和利用信息的能力，善于发现、抓住、运用及创造机会的能力，善于发现、思考、分析及解决问题的能力等。

（三）实践性

实践性也是大学生创新创业教育目标的明显特征，它虽然也呈现出了综合性，但同时也是综合性的进一步延伸，两者是相辅相成的关系。由于大学生创新创业教育目标的综合性包括在实践活动中综合运用各种理论知识和能力。详细来说，可从以下几点来阐释大学生创新创业教育培养目标的社会实践性。

第一，注重培养大学生在实践活动中与人交往的能力以及他们的社会行动能力（如从事社会事务和社会活动）。

第二，注重培养大学生的实践操作技能，大学生既要将理论知识掌握扎实，还要勤动手，提高自己的实践能力。

第三，注重培养大学生积极参与社会活动的意识，大学生应明白自己应具备社会公民的社会道德感、义务感和责任感，并付诸行动，积极培养自己参与社会活动的精神。

第四，注重培养大学生解决问题的技巧、技能和经验，这有利于大学生在社会上生存与发展，在遇到各种各样的问题时可以游刃有余地解决，进而更好地面对挫折和挑战，有利于更好地进行实践活动。

第五，注重培养大学生规范自己的社会行为，进而能够以务实、实际的态度进行生活和工作，提高自己的适应性。

第六，注重培养大学生的创新和创造能力、社会批判能力及社会变革意识，这有利于大学生促进社会的进步和发展。

（四）多层性

类似于其他的教育培养目标，大学生创新创业教育的目标从结构上来说也具有多层性。目标分为六层，从大到小依次分别是：

第一层：教育的总体目标；

第二层：各领域的总体目标；

第三层：课程目标；

第四层：学科目标；

第五层：单元目标；

第六层：课时目标。

大学生创新创业教育的不同层次目标之间能够依次转化，即总体培养目标能够向各领域的总体目标转化，各领域的总体目标能够向课程目标转化，课程目标能够向学科目标转化，学科目标能够向单元目标转化，单元目标能够向课时目标转化，此处不做详细阐述，下文有详细论述。通过上述的转化，就为制定目标提供了选择、规定和准则，同时，也有利于总体目标向具体教学目标转化，进而使得教学富有操作性、把握性、观察性。

二、制订大学生创新创业教育目标所遵循的原则

要想真正实现大学生创新创业教育目标，必须先制定目标，这是具体实施目标的前提。制订大学生创新创业教育目标的过程，也就是“将目标更细化、更具有系统性的过程，即通过横向与纵向对总体目标的分解，产生可操作、可观察的目标体系”。在这个制订过程中，科学、合理、规范地制定目标有利于目标顺利实施和实现。所以，制订大学生创新创业教育目标所遵循的原则有以下几点。

（一）建立大学生创新创业教育目标体系的整体框架

大学生创新创业教育目标体系的整体框架的主要内容是培养大学生的创业基本素质，依据是围绕大学生创新创业教育总体目标的要求，进而使大学生创新创业教育总体目标的规定和要求通过整体框架全面呈现出来，同时，也将培养个性化开拓者呈现出来。具体可从以下几点来阐述如何建立大学生创新创业教育目标体系的整体框架。

1. 以培养大学生的创业基本素质为主要内容，明确整体观念

创业基本素质包括四点，即创业意识、创业个性心理品质、创业能力、创业社会知识结构。形成明确的整体观念并吸收创业基本素质的四点内容，这有利于目标体系整体框架的构建。但是在建立目标的整体框架时，一定不要混淆创新创业教育与普通高等教育和职业教育的概念，同样，也不要混淆创新创业教育与培养实业家和企业家的教育，要不然就会窄化或过分夸大大学生创新创业教育的培养目标，造成不能按照创新创业教育培养目标的要求和规格来培养学生。

2. 根据大学生创新创业教育总体目标的要求来确定培养的重点和主线

在建立大学生创新创业教育目标体系的整体框架时，要根据大学生创新创业教育总体目标的要求来确定重点和主线，主要表现为以下几点。

首先，要以激发大学生创业兴趣为出发点，以培养大学生的创新创业的兴趣、信念、意识为主线，在培养大学生的个体意识的同时，也要注重培养大学生的社会意识。

其次，要注重培养大学生创业的意志和情感，使其产生具有自己特色的个性品质，比如独立性、合作性和坚持性等。

再次，要注重培养大学生的专业技能、经营管理技能、综合性素质和能力。

最后，要注重让大学生学习经营管理、专业职业和综合性理论知识。

（二）明确大学生创新创业教育目标体系的结构方式和下位目标

将基础教育、职业教育、普通高等教育的不同特征、性质和任务作为制订大学生创新创业教育目标的依据，明确目标体系的结构方式和下位目标，具体主要从以下几点着手。

首先，不同教育的特征、性质以及任务各不相同，所以，要明确大学生创新创业教育目标体系的结构方式必须考虑到创新创业教育的特征、性质及任务。比如，培养大学生的基本素质是基础教育的任务，那么，在此领域进行大学生创新创业教育时，必须注重大学生创业意识的培养；培养大学生的职业技能是职业教育的重要任务，那么，在此领域进行大学生创新创业教育

时，必须注重大学生创业能力的培养。

其次，要明确大学生创新创业教育目标体系的下位目标也必须考虑到创新创业教育的特征、性质及任务。比如，在进行基础教育时，就应该用“社会适应能力”“自主学习能力”“同伴间的交往能力”“独立生活能力”等下位概念来阐释创业能力的下位目标的概念；而在进行普通高等教育时，则创业能力的四项下位目标就用“专业能力”“职业能力”“经营管理能力”“综合性能力”来阐释。

（三）明确大学生创新创业教育目标的程度水平和具体要求

要围绕着大学生的年龄特点、专业及其他情况来制订大学生创新创业教育目标，并明确目标的程度水平和具体要求。因为处于不同教育范畴的大学生的特点各不相同，同样，即便在同一教育范畴内的大学生也有很多不同之处，如年龄不同、性格不同、生活背景不同、专业知识不同、经验和地位不同等等，所以，要有层次地设置大学生创新创业教育目标的程度水平和具体要求，设置的一级指标是要保证每个人都能达到的较低下限指标，接着设置二至三级指标，要保证不同大学、不同年龄、不同专业的大学生也能够完成；同时，要围绕着社会、政治、经济、形势的变化以及大学生的需求来灵活地设计和调整目标，保证适应大学生的学习与发展。

三、对大学生创新创业教育目标进行分解

对目标进行分解，实际就是将总体目标进行具体划分、具体阐述的过程。对大学生创新创业教育目标进行分解就是对大学生创新创业教育总目标逐级、详细阐述的过程。

（一）对创新创业教育的总体目标的理解

大学生创新创业教育的总体目标，通俗来说，就是指“培养大学生创业的基本素质和创新型个性”。它决定大学生创新创业教育在不同教育领域的具体目标。

（二）不同教育范畴的总体目标

与大学生创新创业教育的总体目标相比，大学生创新创业教育在不同教育范畴的目标就是小目标或者是大学生创新创业教育的总体目标的子目标，但其在各自的教育范畴内也被称作总体目标。

大学生创新创业教育在不同教育范畴的总体目标具体包括以下几点

内容。

1. 基础教育范畴的总体目标

基础教育范畴内的大学生创新创业教育的总体目标详细概括为以下几个方面。

第一，注重大学生创新创业意识和创业心理品质的初步培养。

第二，注重大学生最基础的创业能力的培养。

第三，注重大学生积极、自主学习意识的培养。

第四，注重大学生良好学习习惯的培养。

第五，注重大学生良好的社会适应性、独立性、自主性的培养。

2. 职业教育范畴的总体目标

职业教育范畴内的大学生创新创业教育的总体目标详细概括为以下几个方面。

第一，注重大学生创业意识和创业心理品质的培养。

第二，注重大学生专业理论知识和技能的培养。

第三，注重大学生综合性的创业知识和能力的培养。

第四，注重大学生创新型个性和创业基本素质的初步培养。

第五，注重大学生对社会的适应能力以及竞争能力的培养。

3. 普通高等教育范畴的总体目标

普通高等教育范畴内的大学生创新创业教育的总体目标详细概括为以下几个方面。

第一，注重大学生创新型个性的培养。

第二，注重大学生自主创业的综合能力的培养。

第三，注重大学生全面、良好的创业基本素质的培养，有利于大学生去创造新生活。

（三）不同性质的课程目标

如果再进一步细化大学生创新创业教育在不同教育领域的总体目标，就是下一个层次的目标——大学生创新创业教育的课程目标。根据大学生创新创业教育的课程框架，在不考虑课程设置的具体情况时，可将大学生创新创业教育的课程目标详细概括为以下四类。

1. 学科课程目标

第一，注重大学生创新创业意识的培养。

第二，注重讲解专业的创业知识，并使大学生掌握扎实。

第三，注重大学生的创业能力、技能和技巧的培养。

2. 活动课程目标

第一，注重利用学校内外举办的各种各样的有利于大学生学习和生活的活动，进而开拓大学生的知识面，开阔他们的视野，增加他们的见识，丰富他们的阅历。

第二，注重大学生个性心理品质和能力的培养。

第三，注重大学生综合性知识结构、综合素质和能力的培养。

3. 环境课程目标

第一，注重综合利用各种制度化或者非制度化、显性或隐性的环境因素来激发大学生的创业意识和培养良好的心理品质。

第二，注重那些影响大学生创业意识和个性心理品质的因素的培养。

4. 创业实践活动目标

第一，注重利用那些情境型、模拟型、实践型的综合性活动来培养大学生创新型的个性。

第二，注重培养大学生在不同的时空、环境中形成良好的创业基本素质。

（四）学科目标

如果再进一步细化大学生创新创业教育的课程目标，就是下一个层次的目标——大学生创新创业教育的学科（具体课程或科目）目标。大学生创新创业教育的学科目标详细概括为以下两类。

1. 学科渗透型创新创业教育的学科目标

学科渗透型创新创业教育的学科目标指的是涉及大学生创新创业教育内容的专业科目应达到的目标。比如，微生物技术学科中渗透了大学生创新创业教育，那么微生物技术的学科总目标就是大学生创新创业教育的学科目标。

2. 专门开设的大学生创新创业教育课程的学科目标

专门开设的大学生创新创业教育课程主要包括创业知识课、创业意识课、职业指导课、专业技能课和生活指导课，且各门课程有各自的学科目标，可从以下几点进行详细阐述。

（1）创业知识课程的学科目标

第一，注重讲解创业的基础知识，并使大学生初步理解和掌握。

第二，注重讲解经营管理和公共关系的内容，并让大学生重点了解并掌握。

第三，注重激发大学生将知识运用到实践的兴趣，进而为创业打下基础。

（2）创业意识课程的学科目标

第一，注重大学生创业意识的培养。

第二，注重培养大学生产生积极推动个人和国家发展的意愿。

第三，注重大学生创业欲望、兴趣及职业选择意向的培养。

第四，注重引导大学生积累创业知识与能力、主动择业，进而为走上社会做好准备。

（3）职业指导课程

第一，注重引导大学生正确认识并树立正确的职业观，对职业变化也有一定的认识。

第二，注重帮助大学生学会根据自身的特点来正确选择职业。

第三，注重大学生职业竞争意识的培养。

第四，注重大学生职业道德感、事业心的培养。

（4）专业技能课程

第一，注重培养大学生学会一项实用技能，进而可以运用自己掌握的技能来解决实际问题的能力。

第二，注重帮助大学生了解专业特点，提高经营项目的技能与技巧。

（5）生活指导课程

第一，注重大学生正确的消费观、积极的心态及良好行为习惯的培养。

第二，注重引导大学生树立正确的人生观、价值观，进而使其明白生活的价值和意义。

第三，注重大学生自立性、适应性和独立性的培养，进而有利于大学生更快更好地适应社会。

第四，注重引导大学生合理利用自己的空闲时间，积极乐观地去学习和生活。

（五）单元目标

如果再进一步细化大学生创新创业教育的学科目标，就是下一个层次的目标——大学生创新创业教育的单元目标。单元目标是学科目标、课程目标的最小单位，它也是课时目标的阶段总目标。

（六）课时目标

如果再进一步细化大学生创新创业教育的单元目标，就是下一个层次的目标——大学生创新创业教育的课时目标。课时目标指的是一个课时的具体

第四章　对大学生创业素质的理解

创业素质指的是创业者创业实践前，将物质、经验积累与精神意识相聚集的过程。它不仅能够为创业者指导创业方向，提供创业机遇，还有助于创业者制作创业决策和实施创业计划；此外，它能提高创业者在创业时解决问题、战胜困难、克服挫折的心理素质和能力。所以，对创业者而言，创业素质的高低关系着创业能否成功。在经济全球化发展的时代，要想在激烈的竞争中立于不败之地，就必须要有创业精神，而创业素质是创业精神的具体体现。因此，创业素质已成为大学生创业学领域研究的焦点之一，对大学生创业具有极其重要的学术研究价值与实际指导意义。

第一节　对大学生创业意识的理解

一、创业意识的内涵

人类的心理是人脑对客观现实的积极反映形态。心理活动具有不同的形式，意识是心理活动的最高形式，是人所特有的心理现象。它是人在生产、生活实践中，在用语言与他人交往的过程中，在一定的社会历史条件下形成的。意识一经产生，它又反作用于客观现实，在人的实践生活中起着特殊的重要作用。概括地说，意识是一个多维度、多层次的心理系统，具有复杂的结构，为人类所特有。例如，我们承认动物也有心理，它们能看、能听，甚至也有一定的情绪表现，高等动物如猿猴还会有简单的思维活动，但是它们没有自我独立意识。由于它们不能用言语交流，所以对抽象思维活动不能理解，无法参与有明确目的、有整体规划的社会活动。

创业意识是指个人根据个体发展需要，结合社会实际所激发的创业意愿、创业动力。由上可知，所谓“大学生创业意识”则是指大学生根据个体发展需要，结合社会实际所激发的创业意愿、创业动力。创业意识是人们实施创业活动的初衷与动机，是实施创业思维和行为的基础。创业需要和创业冲动二者有机结合构成创业意识的两大基本要素。创业意识指引着创业者创业，它构成创业者的创业动机，由创业动机、创业意向及人生观、价值观、世界观等要素组成，直接推动着人们进行创业活动，也体现创业者进行创业活动的主观能动性。创业意识激励着创业者进行各类活动，向自己提出要求并尽力实现预期目标，进而说明一个人具有积极的精神状态。

二、创业意识的特征

（一）社会历史制约性

创业意识的原始目的是使人们的物质水平和精神生活层次得以提高。这种目的受社会性和历史性因素的限制。所以说，历史条件限制了人们创业意识的产生，即社会历史制约性。科学家研究人类大脑的实验表明，不同个体具有相同的的大脑潜能，即每个人都具备创业潜力，这是人类大脑的自然属性之一。然而，实际的社会实践表明，个体与个体之间的创业能力不尽相同，甚至相差很大。这是受社会因素和历史条件的影响所产生的结果。例如，创业的社会背景、改革创业的教育模式，以及有关创业政策法规等等。现如今，随着科技的飞速发展和生产力的提高，经济增长对就业的吸纳能力将会趋于饱和，从而出现就业困难的局面。因此，要想解决大学毕业生就业困难这一难题，就需要国家、社会、学校都鼓励和支持大学生选择自主创业。大学生创业在减轻自己就业压力的同时，也为社会增加了就业岗位。所以，现代大学生要培养自己的创业意识，综合考虑自身与社会需要来选择就业方式。

（二）综合反映性

在创业意识中体现的需要、动机、意向、志愿、抱负、世界观等属于非智力因素范畴。在实际的创业活动中，一个人的创业意识与他的兴趣、爱好、情感、意志等非智力因素相关联而发挥综合作用与效应，若个体对某一对象或领域并无兴趣或爱好，那就很难激起其创业意识。同时，创业意识还是意志的一种表现，也是情绪情感的一种升华。

（三）协调性

创业意识的协调性是指创业动机与创业效果二者的一致性。创业动机应以创业效果为归宿，而创业效果又体现并反映出创业动机。坚持创业动机与创业效果的协调性，首先要求讲究社会效益，其次才能追求经济效益。协调性还说明两者之间保持一定的数量关系。动机过程的强弱会引起效果的相应变化，这种关系可由叶克斯-多德森定律予以揭示。动机强度会密切影响效果。按照常理，动机强度越强，个体的活动性就会越高涨，效果就会越好。但是实际情况却并非如此。若有过低的活动动机，个体在工作时心不在焉，甚至是无所谓的态度，造成很差的工作效果；当然，若有过强的活动动机，个体在工作时就会高度紧张，其意识范围变得很小，反而不利于个体正常活动，导致降低了工作效果。例如，有些学生虽然已经复习得相当充分，但是却总想着要考好成绩，可事实是在考试中大都不能达到预期目标，还有可能考试不及格，上述例子正是因为学生的动机过于强烈，反而使考试效果更低。因此，要想使活动更加有效果，就要防止出现过高或过低的动机强度的情况。

每种活动中都存在一个最佳动机强度水平，而最佳动机强度水平因受研究课题的性质的影响而各不相同。研究的课题若是比较简单的，工作效果高低跟动机强度水平强弱成正相关；研究的课题若是比较困难的，则最佳动机强度水平就会逐渐降低。这种情况是叶克斯和多德森在做动物实验时发现的。研究课题难度增加，最佳动机强度水平也逐渐降低，这种现象称为“叶克斯－多德森定律”。该定律将动机与效果的关联性呈现出来，即不管是哪种动机，都会有一个限度，若动机超出这个限度，就会使工作效果降低。

（四）可强化性

创业意识是创业思维和创业行为的前提准备条件。所以，每个创业者要想选择自主创业，首先应该增强的是自身的创业意识。华东师范大学在一项关于大学生创业意识的调研中，研究者对许多国内高等院校——比如华东师范大学、上海师范大学、华东政法大学、上海财经大学等——的 540 多名本科生做了问卷调查。调查的数据显示，当今社会大学生的创业意识表现为激情与理性并存：77.6% 的大学生表示会考虑创业；35.9% 的大学生觉得自主创业的最大难题就在于资金来源；28.9% 的大学生觉得“人际关系不够、工作不顺利”是大学生创业的最大难题；19.1% 的大学生觉得创业最难的点是在创业的同时，还要学习专业知识，没有足够的时间和精力。在校的大部分学生没有创业经历，在校期间，他们也就只做过一些简单的兼职工作，如家教、发传单、推销。在选择创业途径方面，8.4% 的学生有建立自己工作室的意向，71.1% 的学生选择与朋友合伙创立公司，19.5% 的学生去社会上接触一些有才华的人才，并选择与其共同创业。在资金投入哪个行业的选择上，18.7% 的学生选择计算机管理行业，20.4% 的学生选择第三服务业，不过几乎没有学生愿意选择交通运输、文化教育或广播通信行业。在 2004 年开展的另一项对大学生的相关调查中也发现，有 18% 的大学生打算毕业之后马上创业，另有 28% 的人打算 5 年之后创业。可以看出，随着国内高等院校开展了很多创业比赛，学生们有关自主创业的思想意识也在慢慢提高；而国家制定的鼓励大学生创业的政策制度使得有创业意向的毕业生迫不及待地想去创业。另外，海南大学创业者协会对部分高校开展了一次有关创业精神的调查，根据结果表明，近60%的大学生有意自主创业。由此可知，自主创业意识已渗透到大学生思维之中。

不可否认，自主创业是一条艰苦的道路，因为创业会有很多风险和困难，再加上不能及时识别和抓住机遇、资金来源匮乏和自身素质不足等等。但是除了少数学生因受固有思想影响，不愿走自主创业道路外，大多数的大学生都有创业意向，并且认为自己完全具备创业的能力。所以，增强大学生的创业意识是今后国内高等院校工作的一大重点。教育事实说明：创业意识是后天可以培养的，早期培养良好的创业意识对激发创造力、提高创业技能也会产生积极的催化效用。学校一般会通过举办大学生创业计划竞赛活动，褒奖发明创造，来增强创业意识。此外，学校还可以通过营造创造性的创业氛围，培养大学生的创业精神。

三、大学生创业意识的内容

（一）明确未来人生目标

改变自身的创业价值观念，是提升创业意识的重中之重。“只有想不到的，没有做不到的。”要培养个体创业意识，首先要明确未来人生目标，只有明确了人生目标及价值，才能最大可能将个体自主创业的主观能动性挖掘出来，才能最终实现个体的奋斗目标。美国哈佛大学一名权威心理学教授指出“选择决定命运”，明确的人生目标、与时俱进的思维和稳定的心理素质是创业成功的关键因素，其中把明确的人生目标摆放于创业意识的第一位。

1. 案例：麦当劳的故事

你知道家喻户晓的麦当劳是如何起家的吗？麦当劳能真正走向世界并非快餐店的创始人麦克唐纳兄弟——马克和狄克的功劳，而应归功于雷·克洛。在麦氏兄弟开快餐店时，克洛在一家经销混乳机的小公司工作。混乳机是一种能同时混合拌匀5种麦乳的机器。有一天，麦氏兄弟要买8架机器，没人一次买过那么多混乳机，克洛决定亲自去看看麦氏兄弟的工作。结果他惊讶地发现，客人们站着排队抢购15美分的牛肉饼。于是克洛便问麦氏兄弟为什么不多开几家餐馆，狄克摇摇头，指着附近的山坡说：“看到上面那栋房子了吗？那就是我们的家，我们喜欢那儿。如果开了连锁餐馆，我们就永远没有闲暇回家了。”克洛马上意识到难得的机会来了，并决定立刻把握住。结果，麦氏兄弟很快便答应给他在全国各地开分店的经销权，条件是抽取5%的利润。克洛专心致志地干了起来，于是他拥有的第一家麦氏餐馆很快便在芝加哥郊区开张。之后是第二家、第三家，后来增设分店的速度越来越快，差不多以每年 200 家的速度增长。再后来，克洛以 270 万美元向麦氏兄弟买下了企业——包括名号、商标、版权及烹饪处方。此后，他与这两位兄弟彼此很少联系。

麦当劳的故事告诉我们，本来机会完全在麦氏兄弟一边，可他们确定了其他的人生目标，主动选择了“放弃”，而克洛则抓住了这千载难逢的机会，果断地选择了“创业”。不同的目标导致了不同的选择，也导致了两种完全不同的命运：克洛获得了巨大成功，而麦氏兄弟却碌碌无为。

综上，明确的人生目标是取得成功的出发点，更是走向成功创业的第一步。原本，每个个体都具备成就伟业的因素，能否成功主要取决于个体明确的人生目标是崇高，还是庸碌。没有注定庸碌的人生，只有选择了庸碌的生命。就自主创业而言，明确的奋斗目标是迈向成功的起始点，要先明确人生目标，再每天定个小目标，只有明确的目标才是促进个体前进的动力，相反，似是而非的目标则会成为永久束缚你的枷锁。

2. 个体自我价值的实现

自主创业，可以称之为一种社会实践行为，具有一定的意识性、目的性。相同的创业行为，有人以积蓄物质资产为目的，有人则是为了升华自身才干，还有人想要通过成功展现自己心中的理想社会。迥异的人生目的，造成了创业思想观念的差异，展现出不同的创业目标。个体自我价值感的差异体现于每个人在实现目标过程中表现的意愿和看法，只有将勤于进取的个体价值与和谐统一的社会价值有机结合起来，才能实现一种真正的创业人生价值。

个体自我价值取决于个体的层次需要，需要是指人体组织系统中的一种缺乏、不平衡的状态。需要一般具有对象性、阶段性、社会制约性和独特性特征。正如人本主义心理学家马斯洛（Maslow）提出的需要层次理论指出，人类的需要像阶梯一样从低到高按层次分为五种，分别是：生理的需要、安全的需要、情感和归属的需要、尊重的需要和自我实现的需要。

第一层次：生理的需要。生理的需要是推动人们行动最首要的动力，诸如水、食物、呼吸、睡眠等，只有这些最基本的需要满足到维持生存所必需的程度后，才能产生新的激励因素。

第二层次：安全的需要。整个有机体是一个追求安全的机制，只有在人身（家庭）安全、健康保障、财产所有性等方面获得满足才会达到下一层次。

第三层次：情感和归属的需要。人人都希望得到相互的关系和照顾，“爱情、亲情、友情”这些感情上的需要比生理上的需要来的细致。

第四层次：尊重的需要。人人都希望自己有稳定的社会地位，要求个人的能力和成就得到社会的承认。对他人尊重，同时也被他人尊重。尊重需要得到满足，能使人对自己充满信心，对社会满腔热情，体验到自己活着的用处价值。

第五层次：自我实现的需要。自我实现的需要是最高层次的需要，是指实现个人理想、抱负，发挥个人的能力到最大程度，达到自我实现的境界。所谓自我实现就是努力实现自己的潜力，使自己越来越成为自己所期望的人物。

因此，确定的人生目标，对自我价值实现的追求应成为创业意识的首要内容。马斯洛理论体系中极其强调对个体潜力的发掘，他认为最有价值的人，是潜力得到充分发掘，并最终自我实现的人。在我国社会体系下，个人价值体现在是否能将个体的自我实现与社会的发展需要达成有机结合。比如热衷于教育和公益事业的田家炳、邵逸夫等，再比如资助希望小学的美国国际数据集团总裁麦戈文等等，他们属于真正的自我实现者，都是在个人创业的同时追求与社会和谐共处。完成自我实现价值与社会贡献价值二者的有机统一。事实也确实如此，只有把自我实现价值与社会贡献价值二者有机统一，才能最大限度地创造成功的机遇。尤其是在信息大爆炸的时代趋势下，大学生们更应确立人生价值目标、明确人生创业目标，确立人生价值目标是达到人生创业目标的基础条件。综上，你必须明确自己所希望成功的标准，否则只是简简单单说“我要创业、我要成功”，一切都是空谈。

如何规划人生创业目标呢？如果没有相关经验，建议你可以先设定个小目标。例如按照一天、一周、一月的渐变规律设定，完成后再拓展到1年、5年、10年。每一位创业者都必须明确有未来发展空间的创业目标，只有明确了人生创业目标，描绘出美好的未来情景，才会促使我们将创业人生目标化为内驱力，时刻指明我们奋斗的方向，并督促我们为之采取实际行动，这才是具有实际价值的创业核心观念。

（二）完善的商业思维

创业者只有高瞻远瞩，准确定位企业的发展方向，才能使创办的企业在未来有一个好的发展。凭借着完善的商业思维，创业者会更加富有创造性，新创企业也将具有其他企业所不具备的新意。

完善的商业思维是创业者前瞻性意识的集中表现。商业思维是个体结合多方位信息，在实际创业经营中，掌握市场经济发展方向的一种思维形式。

商业思维的构建与发展是一名成功创业者的必备素质，对创业者把握商机具有指导意义。商业思维是一种能够贯彻于商业的诸多环节的思维想法，通常被认为是一种商业上超前的意念和想法。它通过对以往商业经验的利用，实现对商业未来的展望。

培养自身商业思维，充足的主客观条件是必备的。首要的客观条件就是人存在和活动的社会历史条件与客观环境，即一定的社会政治、经济制度，社会生产力和经济发展的状况，科学文化、教育发展的水平，国家的路线、方针、政策等等。社会经济活动是按商品经济和市场经济的运行机制来进行的。任何生产经营活动都在追求经济利润，在如此的社会大环境下，完善的商业思维是不可或缺的。市场经济和商品经济的运行机制是商业思维诞生和发展的客观社会经济要素。主观条件就是个人关注商业生产经营活动和学习各类经济知识并去实践，这也是商业思维诞生的主观原因。例如，有丰富商业经济理论的学者，如果单纯致力于学术研究，而不计划如何经营创业，也是不会诞生商业思维的。因此，个体应正确认识并充分利用自身优势，发挥主观能动性，积极创造条件，克服不利条件，选准创业与奋斗目标，充分发挥个人的聪明才智，以坚韧不拔的毅力，顽强拼搏，克服困难和挫折，创造优异成绩，还要学会分析自己周围的环境，善于学习他人的长处，不断充实自己，增长才干。商业思维需要后天的培养与锻炼，既可以通过对理论知识和他人经验进行深入学习，也可以在经营活动实践中不断升华。

那么如何培养自身商业思维呢?

第一，认真学习商业理论体系。思维模式的快速转型需要个人始终坚持沿着既定目标和方向不断地努力。

第二，勤于分析和推敲发展趋势。马克思主义认为“客观事物是不断发展变化的”，要想把握住“无限商机”，就要不断地搜集和分析、利用信息，勤于观察思考。商业信息是经营决策计划的根本，对一名成功的创业者而言其中隐含的商业，就是他克敌制胜的法宝。一个创业者商业思维的缜密程度也正是在其收集和分析、利用客观信息的效率中反映出来的。可以说，创业者掌握了重要的商业信息就能先人一步地打开创业局面。机会对每个人都是公平、平等地存在着的，就看你能否通过观察分析和思考去感知、去把握。

第三，主动地把握商机、创造商机。只有创业者自发地去探索机遇，才能在创业过程中不断升华拓展商业思维。众所周知，天上掉馅饼的概率是非常小的。能否主动把握商机、创造商机，是创业者商业思维缜密程度的反映。但是，个体对于商机的辨识能力却是不尽相同的，法国科学家巴斯德曾说：“机遇只偏爱那些有准备的头脑。”因此，很多时候机遇都是由我们主动创造的，而非天上掉馅饼。

（三）科学的经济头脑

在同等的物质资源和市场经济条件下，有的创业者经营得风风火火，而有的创业者就只取得较小成果，更有甚者铩羽而归。是否具有科学的经济头脑，即能否以最小的投资获得最大的回报，就是造成上述现象的一项重要因素。综上，经济头脑是一名成功创业者必备的创业素质之一。

经济头脑是指人们把握社会经济运行趋势及其发展规律，期望以较低的资产投入获得较高的回报，并对这一投资行为的效果进行分析、判断和决策的一种思维能力。具有丰富经济学头脑的人，除了对局部经济问题见解独特外，还能对社会经济运行的趋势判断提供有参考价值的意见；不仅能对特定经济领域事物的内在联系进行战略性分析，而且能在经济活动中提高资源的利用价值，进而达到预期经济目标；与一时的利益得失相比，更加注重长远利益的获取，特别是在存在风险时，摒弃部分经济利益的思维模式更是科学经济头脑的优势所在。科学的经济头脑除了上述特点外，还包括对商业经营做出预测与估算的行为，即在商业经营中审计投资与回报二者之间的平衡关系。有经济头脑的创业者能够结合企业和市场行情，对下一步投资行为的最终效果进行较为准确的判断，进而判断进入市场是否可行、什么时候是进入市场的最佳时机、进入何种市场等等。对创业者而言，对市场前景的判断和微观分析行业经济对经济主体的影响是一项至关重要的能力。

因此，创业者经济头脑的具体表现，就是在实际经济活动中对经济知识的正确和灵活使用，正确使用是指在运用经济知识分析经济、市场情况时，要根据基本的经济理论知识，采用科学的分析方法。例如，分析宏观经济形势就需要运用宏观经济学知识，要找出本企业某一时期产品销售的变动特点和规律就需要应用对比方法，要分析微观情况就要运用微观经济学方面的知识。灵活使用是指根据实际市场和经济变化情况，打破常规、当机立断，及时调整经营策略，使不利的经济形势向有力的经济形势转变，如价格策略的使用，在供大于求的情况下，多数商家往往采用降价来达到促销目的，而个别企业却反其道而行之，结果销量大大增加。总之，科学经济头脑的形成，除了深厚渊博的经济知识以外，市场实践活动也是促使其产生的路径。

第二节　对大学生创业知识的理解

大学生要想实现自主创业，仅仅靠对未来的憧憬是远远不够的，即使具备了创业意识，也只是为创业——实现人生目标与价值提供了指引方向。大学生要真正实现创业目标还得靠真本事，必须要有过硬的本领。其中，专业知识则是创业成功所需知识中最为重要的组成部分。创业者要想成功创业，首先必须具备相应的专业知识。知识经济时代强调创业者的专业化与知识化，但有较高文化素质和专业水平的人并不一定就是好的创业者。一名成功创业者应当是“T”型复合人才，既要有专业深度，又要有广博视界。现代认知心理学派的普遍观点是：合理的知识结构有助于产生新的观点和观念来代替旧的知识或概念。良好的创业知识结构是创业者未来发展的基础，为创业心理与行为提供了一个基本的认知框架和背景。

一、坚实深厚的专业知识

专业知识是指与创业目标直接相关并发挥作用的知识体系，是对本领域研究对象或工作起直接指导作用的理论体系。在形式上表现为某种性质或类别的学科知识，如机械、电子技术、动力工程、航天、管理等自然科学和社会科学方面的理论知识。专业知识直接影响创业者制定目标的广度和深度。专业知识是各领域权威对其所在领域内事物发展规律的高度概括，而深入了解该领域的发展规律正是开展创业活动的先决条件。专业知识体系掌握得越完善，就越有利于顺利开展创业活动。纵观古今中外，在各个领域成功创业的人，都是以过硬的专业知识为后盾的，概莫能外。他们中有些人虽然未经过系统的专业教育和培训，但是也在实践中不断摸索总结出事物发展的规律，积累了大量相关知识。20 世纪 80 年代末 90 年代初，我国掀起了“下海”热，不仅机关干部下海，学校教师下海，文艺界、体育界等人士也下海。然而，真正的创业成功者却寥寥无几。究其原因，就是大多数人只凭热情和闯劲而缺乏真正的创业本领、缺乏应有的专业知识。例如，有些人连起码的经济、法律基础知识都不具备，这样去“创业”又怎么会成功呢?

大学生创业，专业知识已基本具备。因为大学生在校学习期间已掌握了某一领域的大部分专业知识，但还有个多少和深浅的问题。因此我们一定要充分利用时间、管理好时间以把精通自身理论体系当作实现创业人生目标的基础工程。创业是对确定的创业目标和理想的追求，而并非讨生活。我们要明白，扎实的理论基础才是达到成功彼岸的坚定航船。在构筑自己的创业知识结构时应特别注意：第一，坚实深厚的专业知识是指合理有序的知识结构而非大量系统全面的知识；第二，要注重在创业实践中运用专业知识，将各类知识转化为解决实际问题的能力。大学生必须在创业前和创业实践中不断丰富和发展自己的专业理论知识。

二、涉猎广博的非专业知识

创业想要获得成功，必须有扎实的专业知识，它是创业的基础和前提，然而各类知识理论体系（商业管理、社会技能、方法论等方面的知识）的非专业知识同样对成功创业有着深远的影响。专业知识只有在扎实深厚的非专业知识的辅助下，才能完完全全发挥出作用。在信息知识的浪潮下，诸如“T”字复合型人才的地位日益凸显，不仅有深厚的专业方向的知识，而且有广博的非专业相关知识。只深不广，会片面地忽视掉事物之间的内在联系；只广不深，则无法抓住事物的发展的规律本质，只能理解事物的表面意思。只有在扎实的专业知识理论的基础上结合相关的非专业知识，才能真正理解事物的本质和规律，把握形势和事物的发展趋势，通过独到的见解和谋略，最终保证自己创业成功。

非专业知识是指创业领域专业知识以外的其他有关知识，既包括经营管理方面的知识又包括方法论等方面的综合性知识，既包括创业所需的法律知识又包括相应的商业知识，等等。在市场经济条件下，任何一个创业者的活动，都要与一定的经济利益相联系，都要实现价值增值。所以说，每一个立志于自主创业的大学生都有必要不断学习创业相关知识。当然，创业者应当具有相关法律知识去解决在创业过程中遇到的各类法律问题。作为一名大学生，法律意识一般不会差，但可能缺少创业者所应有的法律知识。因此，掌握一些基本的法律知识，对于创业活动大有裨益。最后，广博稳固的非专业知识还包括创业所需的其他理论体系，如社会学、营销学、人际关系学，甚至于心理学等等，这些都需要大学生在日常学习中不断加以学习和融汇。

第三节　对大学生创业能力的理解

创业能力是保证创业活动顺利完成所必备的一项能力，更是大学生创业素质中必备的一种心理因素。它影响着创业活动的方向并指导着具体的创业实践，是一种体现未来创业发展的综合能力，甚至说是决定创业成败的枢纽。学习专业知识及相关非专业知识、增强开拓创新与信息认知处理能力，培养管理和社会人际协调沟通能力等等，这些都是优秀创业能力所必需的。大量的实践证明，能否合理规划各种客观物质因素，是否善于抓住和创造商业机遇，能否对收集的各种商业信息进行有效的处理和分析，是否具备良好的社会公关能力等等，这些都是影响创业者创业能否成功的因素。除了与创业相关的理论技能之外，还应对大学生创业者的开拓创新能力、组织管理能力、人际社交能力三方面进行着重培养。

一、开拓创新能力

创新，是一种推陈出新的过程；具体是指为满足理想化需要，以提出有别于常规思路的见解为导向，利用现有的知识去创造新事物的行为。创业的这种开创性行为使得创新能力成为创业所必需的能力。开拓创新能力是一名优秀创业者必备的素质。由于客观世界是不断发展变化的，事物发展的规律就是新事物不断取代旧事物。随着社会政治、经济、文化等环境因素的变化，原来的基业就会逐渐成为落后于时代的旧事物。大学生只有坚持标新立异，才能使自己的创业活动不断发展。他们必须要学会把握甚至于创造商业机会，顺应事物发展客观规律，提出新的有效措施和方法去解决问题。创业者需要以工匠精神为导向，不断将自己的事业推陈出新。纵观历史上一直延续的老企业，时至今日仍旧生机盎然，其中最主要的原因就在于企业经营者能够随着时代的发展，不断开拓创新，使其事业持续增加新的生命力。张瑞敏作为海尔集团总裁，在归纳海尔迅速发展的诀窍时曾说，要不断地革故鼎新、并接触新领域。

开拓创新是自主创业的核心要求，是确保自身出人头地的优势所在，更是一名成功创业者的标志特性。

以人脑荷尔蒙的研发为例，罗伯特·斯旺森在开办公司、投资生物工程时，年仅 27 岁，当时他对该领域几乎一无所知。通过研读文献，他选定了几位主要的生物工程科学家，但他们几乎一致认为从人体荷尔蒙中分离出第一批微生物至少要 10 年，要拿出有商业价值的产品可能要 20 年。斯旺森听取了旧金山加州大学教授赫布·博耶的意见，他是某些构成生物工程工业基础的专利发明者之一。赫布·博耶将他们的企业命名为遗传技术研究公司。短短 7 个月后，这家公司就宣布他们已首次成功用遗传工程方法生产了人脑荷尔蒙——Somatosin。斯旺森说，他们在 7 个月内完成了 10 年的开发过程。正是超凡的开拓创新能力造就了斯旺森的创业成功。

要想成为一个成功的创业者、企业家，非要有一点英雄气概不可，还要有不怕困难、勇于开拓创新的勇气和舍我其谁的决心。据研究，那些发展极快的风险企业或骨干企业的创业经营者，都是具有开拓创新能力的“竞争型人才”，他们喜欢冒险并热衷于富有开创性与挑战性的工作。竞争刺激着他们，使他们不断开拓一个又一个新领域；他们敢于冲出传统观念、传统束缚，敢于藐视权威；他们大胆尝试，不怕挫折、勇于进取，敢于走前人没有走过的路，做前人没做过的事；他们是创业者，更是实干家，他们相信努力一定会有结果。

创业能力不是天生的，而是可以培养的。国内外的无数事实已证明，创业实践和教育是培养创业能力的根本途径。我国目前还处于经济高速增长阶段，创业机会较多，但总体上创业能力相对较低。随着我国创业环境的逐步改善，创业者对创业培训提出了新的要求，全国性的大学生创业计划大赛更是对我国创业教育的大检阅。通过参赛，大大锻炼和提高了大学生的创业能力。如今，创业在发达国家已成为人们的普遍要求，它能充分实现自我价值，为发挥个人潜能创造舞台。近几年美国等发达国家一流大学的毕业生有一半以上期望自己创业，创业浪潮渐有席卷全球之势。培养创业能力已成为欧美各国各类学校和企业的重头课。哈佛商学院、麻省理工学院、斯坦福大学等管理学院已把创业教育作为发展方向。在这种世界潮流的影响下，为适应经济建设的发展需要，我国也必须在当前的素质教育中更加强调和注重创业能力的培养与训练。

二、组织管理能力

在我国宏观经济和市场经济的双重条件下，行业竞争充满了机遇和风险。创业者要想使自己的创业得到长远的发展，就应该提高经营组织管理能力。资源的分配和合理利用问题在任何行业中都存在，要学会以管理知识进行资源核算带动经济效益。只有这样才能将资源效用最大限度地发挥出来，最终在激烈的竞争中脱颖而出。

（一）组织能力

组织能力是一个创业者应具备的指挥协调能力。它包括两方面的意思：一是指组织者对人员的指挥、调动能力，以及对物资的集中分配、调度意识，能否高效、迅捷地指挥调动人力、物力、财力，是一个组织者组织能力的集中反映；二是指组织者对组织架构进行二次规划，即对组织架构的策划和对人员的调度，如对人员的任命、确定岗位职责等等。组织的作用就是有效调配各种分散资源，使各种资源的作用最大限度地被发挥出来，进而更好地利用资源。为实现企业的既定目标，创业者要把企业各种经营要素进行合理配置和组合，对企业内部各环节和部门之间的关系进行有效的调配，调动各方面的积极因素，进行效率化的分工与协作，使组织成为高效率的运转机体。

（二）管理能力

管理能力是创业能力在组织管理方面的展现。组织的正常运行与生存发展离不开管理活动在企业运营过程中的穿针引线。因此，创业者一定要充分认识到管理的重要性，要将学习到的管理知识转化应用到改进管理方法中，不断丰富自身管理经验和管理资源，切实提升管理能力与水平。什么是优秀的管理能力？我们认为最主要的表现为以下三个方面。

1. 分析判断能力

具有清晰的分析判断能力，是创业者在创业过程中做出正确决策的基础。创业过程中不仅要接触经济服务和现象，而且要接触政治、社会和文化事务及现象，而各种事物及现象之间在一定程度上总有这样或那样的联系，会对创业者的创业目标产生不同程度的影响，当这些影响力不明朗时，就需创业者通过分析找出这些影响力中有直接影响关系的事物或现象，进而采取措施加以排除，使创业目标尽可能不受其他因素的干扰而健康发展。所以，分析判断能力有助于创业者发现创业的问题及其产生原因，并加以正确分析处理。这是创业者所必备的一项优秀管理能力。

2. 经营决策能力

经营决策能力是组织领导者管理效绩的综合性能力。决策本质上是经营管理者对某件事拿主意、做决断、定方向的一种行为，需要在可能的方案中做出一个最满意的选择，因而要求管理者具有果断的品质。对于创业者而言，经营决策能力是对创业目标和决定未来实践的方向、途径所做出的慎重决定。经营决策的正确程度在一定程度上决定了决策计划的质量和商业成果的获取。所以，要先拟订好经营决策计划，接着根据客观因素的具体情况及时进行决策。无论是条件不成熟就手忙脚乱，还是条件成熟却又前瞻后顾，都会影响创业活动。所以，果断的经营决策能力是创业者的立身之本。

3. 应对意外风险能力

创业者应当能够根据当下的基本情况，选择适当的形式做出决策，使得决策能够最终得以实现。在创业过程中，往往会有各类意外风险对决策目标的实现造成一定的影响。创业者要能及时做出正确决策，消除这些意外风险，从而达到预期目标。因此，应对意外风险的能力，是对创业者管理能力的一种检验。作为一名创业管理人，其负责的是新创立的公司，新型公司要面对风险，必然要求创业者敢于承担风险，具有一定的抵御和化解风险的能力。其中，最大的风险是花费了时间和资金却不能有盈利地售出。发展必然伴随着风险，一般说来，小企业发展越迅速，风险越大。小公司在发展壮大中的风险主要是投资和财产风险。企业投资、新建、扩建项目是否得当，事关小公司成败；财产风险主要是指社会经济技术的进步造成的企业财产损失。在现实中，我们常常看到随着国家宏观政策和税制形式发生变化，很多小公司都会愁眉不展，关键原因就在于其风险管理机制不健全。因此，小公司在发展壮大中要正确对待风险，既不害怕风险又不盲目冒险，要在风险分析和正确决策的基础上，在公司内部形成协调配合使用风险预防和管理的对策机制，不断提高应对意外的能力，从而于冒险中避免风险，在任何环境和条件下，做到趋利避害，游刃有余。需要特别指出的是，现代企业面临着日益复杂的国内和国际环境，而环境越复杂风险就越大，进而发生危机的可能性也就越大。因此，为了防止危机在企业发生，创业者必须注重培养自身的危机管理能力，即对可能发生或已经发生的危机事件进行预测、监督、控制、协调和处理的能力。以预防为主，防患于未然，强化危机意识，了解企业实施危机管理的重要意义及应付危机的具体步骤、应遵循的原则，并制定出完备细致的危机管理计划等均是十分必要的。创业者对危机的应付与处理能力也是其应对意外能力的具体表现和重要组成部分。

此外，管理能力的内容及表现还有具体的分类，如财务管理、营销管理等，创业者可根据需要，具体参阅有关书籍。

管理的本质，就是将人、财、物等各种资源因素在运营过程中有机结合，实现管理的最终目标——以最小的投入，产出最大的效益。其中，对人力资源的管理和使用应始终成为管理的核心问题。因为在生产力诸要素中，人是最重要、最根本的决定性因素。为此，创业者在管理和使用人员时，应力求做到“人尽其才，各尽所能”。用人之道，不能要求被用人十全十美，而是要用其所长。历史上，楚汉相争中完全处于劣势的刘邦之所以能打败强大的项羽，一个很重要的原因就在于用人。项羽本人虽然骁勇异常，然而对其属下的头号谋士范增尚且不能从善如流，更不用说重用无名之辈的奇才韩信了。与之相反，刘邦则善于用人：萧何坚强稳重、勤于实干，并善于营运，所以由他来做控制协调、运输粮草的工作；韩信长于预测决断，文武兼备，所以让他攻城略地；张良不仅足智多谋，而且擅长表达沟通，所以由他负责内外的交流联络工作；刘邦本人虽不具专长，却有非凡的战略眼光和组织才能，所以居于帅位，统帅全局。正因如此，刘邦才能在战争中立于不败之地。创业的经营活动亦如此：一个组织是由各个不同岗位组成的，合理分工就在于择人任事，量才使用，让各个成员的才智和兴趣尽可能同所从事的岗位相适应，这样才能提高劳动生产率。此外，搞好资金与物资的管理与使用同样重要。

通常，创业初期，由于公司规模较小，管理上的障碍不大。随着公司的不断发展，管理问题往往成为抑制公司发展的瓶颈。许多创业者在管理企业一段时间后，也认识到这个问题，开始到国内高等院校“回炉”，攻读MBA等，以提升自己管理组织的能力。相关调查显示，半数以上的新创企业经营不超过两年就已倒闭，能够存活满5年的新企仅有1/3，而组织管理问题正是导致创业失败的最主要原因之一。所以，大学生创业者应当将组织管理能力作为培养创业能力的一项主要目标。大学生创业者应当增强自己利用科学管理知识的能力，从管理的理论原则和基本方法出发，要理论结合实际，将管理上存在的问题妥善解决，从而提高管理效率，使管理工作富有成效。

三、人际社交能力

不断培养人际社交能力是大学生创业成功的基础。社会中的一切活动都是以人为主体进行的，社会的基本单位是由人构成的，人的问题始终是管理的最核心和最本质问题。任何活动包括自主创业，都是需要进行人际社会交往的。因为单凭创业者一个人难以取得创业成功，需要依靠人才能运作起来。协调好企业内部成员、企业与顾客、企业与政府、社会的外部关系，是做好企业人际社会交往应当着重注意的点。综上所述，一名成功的创业者要想获得别人与社会的支持，首先应该提高其人际社交能力，这有助于创业者取得成功。

我们所从事的创业活动离不开社会，我们每个社会成员都与组织成员或多或少地存在交集。所以，创业活动更倾向于是一种社会性的活动，需要人与人协调合作，而并非只是个体的实践活动。成功的创业者大都是出色的社交家，他们善于处理人与人之间的交往、配合协调社交中的各类情况，能积极主动地和各种人交流、合作、互助，并在此过程中取人之长、补己之短，获取各方面信息。大学生在创业中必须摒弃狭隘自私的观念，学会与他人合作，这是一种能设身处地为他人着想、善于理解他人的心理品质，是创业者事业成功的重要支持力量。我们特别强调创业者的人际协调能力与社会交往能力，其潜质就在于培养个体的合作性。这与创业者自身不依附于他人、独立思考、自主行动的独立性心理品质不冲突，二者相互作用，共同调节创业实践中的人际关系平衡。

在创业活动中，我们必然要与各种各样的人打交道。不仅在公务交涉、业务往来中要与人打交道，而且在各种各样的场合中都会与各种人交往和接触。刚刚走向社会创业的大学生，缺乏社会生活阅历，面对日益激烈的竞争和挑战，更需要获得诸多信息、知识和技巧，也需要更为广泛的人际交往。要想实现自己的创业目标、使创业活动正常进行，就一定要增强自身的人际关系协调能力，善于运用技巧与知识去维护社会关系网。这既是顺应现代社会生活的要求，也是自主创业顺利进行的保障，更是创业活动正常进行的必要条件。特别是在现代企业管理中，越来越强调组织内外的人际协作和团队精神的培养和铸造，强调组织与公众、社会之间的双向平衡，因而对创业者的人际协调能力提出了更高更迫切的要求。

为此，创业者要在具体的创业实践中有意识地培养自己的人际交往与沟通能力，学会人际交流和沟通的技巧和艺术，在积极的人际交往中争取他人的合作与支持，获得理想的人际关系效果。此外，创业的过程必定是与社会不断协调的过程，公共关系作为一种客观存在的社会关系必然与政治、经济、文化、法律关系等一起与企业的生存和发展相伴始终。在众多的社会关系中，公共关系因其以信息传播为特征从而具有强烈的渗透性，即在所有的社会关系中都会有所体现，所以，创业过程中处理企业所处的各种复杂的社会关系的过程也是人际协调能力充分展现的过程和公共关系发挥作用的过程。这就要求创业者在提高人际协调和社会交往能力的同时，还要注意不断提升自身的公关能力，增强公关意识和公关素质。作为中国当代企业家，必须要善于同各种各样的人打交道，善于处理企业内外的各种社会人际关系，在复杂的关系网中把握生存发展的机遇，这也是文化背景对中国企业家的具体影响和要求。只有这样，才能赢得“天时地利人和”的创业环境。另外，当下社会生活中，人们为了实现各式各样的目标，无时无刻都可能引起谈判，而企业自身的长远发展更离不开谈判。如果创业者没有很好的谈判技巧，很有可能会导致创业经营发展受到制约。因此，大学生创业者在提高自身的人际协调能力时，特别要注意锻炼与培养自己的谈判策略和语言技巧，以便更好地争取切身利益，达到创业目的。

总之，大学生的创业能力是一种综合性能力，各类能力共同构成了创业能力的完整体系。除了上文所说的几项能力之外，还包括其他许多方面的能力，例如，学习能力，是人们获取知识的能力，学习也是我们获取知识的主要途径。毫不夸张地说，当今社会中，知识的获取应用与商业经济活动息息相关。这就需要大学生们不断学习科学前沿的知识、掌握最新技能，只有这样才能有效地适应当代商品经济生活。那些有志于创业的大学生们，应着重培养将掌握的专业理论知识应用到实践中的能力，这一点显得更为重要。只有把书本上的理论通过实践不断地应用拓展，才能提高大学生的自主学习能力，也才能从根本上提高大学生的创业能力。

第四节　对大学生创业心理素质的理解

素质是个体身心要素的总和，即个体生理机能、心理及其相关特征的综合，而良好的创业心理素质是创业成功的必备条件。心理素质是人的心理在面对各种压力时所能承受的能力，表现为人的情绪是否波动和行为是否稳定。科学研究表明，心理素质与人的性格、气质之间是一种相互作用的关系，它是个性心理特征在个体应付外界压力时的具体表现，如紧张、痛苦、胆怯、自卑、害羞、难堪、愤怒、嫉妒、失意、抑郁、孤独、恐怖、误解、渴望等。对于这些压力，人们所进行的心理活动，如对压力的认识及由此认识所产生的情绪，以及经过调节或控制最终付诸行动的表现，恰恰反映着人们的心理素质特点。也正是因为这种心理活动水平的不同，才使得人们在心理素质上有所差异。在创业过程中优异的心理素质是必不可少的，因为在创业的路途上遇到的困难反复多样，谁也无法确保能百分百成功。创业者应该能够正确认识到创业的艰难，充分认识自身不足，形成积极乐观、坚韧谦逊的创业心理素质。

从某种角度上看，影响一个人能否成功的重要因素不仅在于他的学识及能力，也决定于他的心理素质水平。超脱、乐观、开朗、镇定自若、慌乱、束手无策、缩手缩脚等，都从不同方面反映了人们心理素质的状况。从中不难发现，心理素质对人的影响有多大。一些美国心理学家的追踪研究表明：成就最大与最小者之间的差异不在于他们的智力水平，而在其心理素质方面的某些特点，如是否有自信心，是否有坚持性、不屈不挠、不自卑等良好的意志、性格品质。确实，心理素质不仅决定着一个人在个性、气质等方面的特点，还会对人在处理各种问题、应对各种事件等方面，产生重要影响。

大学生创业者创业心理素质的培养与塑造应注重以下几个方面。

一、创业成就动机

动机是激发和维持有机体的行为，并将此行为朝着某个目标奋斗的心理倾向或意愿，它与需要有密切的关系。需要通常是以意向或者愿望的形式被主观体验着的，其中模糊意识到的、没有明确实现目的性的需要称为意向，明确意识到、有明确实现目的性的需要称为愿望。如果愿望只是一个没有实际行动的理想化目标，那么这种需要不能被称为动机；相反只有当个体为实现愿望而进行某种活动时，这种需要才能被称为动机。成就动机（achievement motivation）是促使个体获取成功的内驱力，是指个体在进行某种活动时取得成功的强烈意向，也是个体努力完成自认为最有价值的任务，并致力于达到完美境界的一种驱动力。成就动机对个体自身的发展和社会进步都具有重要作用。创业成就动机就是指创业者在创业活动中力求完成某项创业任务的强烈意向。

心理学家麦克莱兰（McClelland）等人对成就动机水平进行了系统的实

验研究，并提出了“成就动机理论”。理论表明，成就动机水平高的人比水平低的人更容易获得良好的成绩，且前者比后者对待学习和工作有更加积极的态度，善于利用时间，有效排除环境影响。麦克莱兰认为，决定个体行为的根本原因是成就动机，甚至认为社会经济力量是由一个民族的成就动机决定的。他的一项研究证实了成就动机水平高的人比成就动机水平低的人更有可能成为企业家。他在研究中评估了一组成就动机水平高低不同的人，然后再追踪调查，结果发现：处在企业家职位上的人，83% 有高成就动机水平；相反，在不是企业家的人群中，只有 23% 的人有高成就动机水平。心理学研究发现，不同个体的成就动机大体上分为两种：一种偏向追求成功，另一种倾向回避失败。具有较高成就动机水平的人一般都倾向于选择具有挑战性的任务，其追求成功的倾向大于回避失败的倾向；成就动机水平较低的人则回避困难任务，表现出更关心回避失败的特点。个体对成果的归因，对自我的认知评价以及目标定向都与其成就动机水平有密不可分的关系。在成就归因方面，高成就的人会把过去的成功认为是自身努力与有能力的成果，而把败因归结为努力程度不足；低成就的人则会把以往的失败归因于缺乏能力，而把成功归因于外在原因，如运气；个体对自我的认知评价，主要集中在自身能力的评价上。凡是对自身能力水平评价较高的人，一般也会具有较高的成就动机水平。个体对目标的定向有两种方式：一种定向以提高自身能力为目的，多选择富于挑战性的任务来做；另一种则以证明自身能力为目的，这种定向会使个体回避挑战性的任务。在成就动机水平方面，前者的水平更高一些，具有更多的追求成功的倾向，后者则多为回避失败。具有较高的成就动机水平的人通常都具有以下共性：偏向于具有挑战性的任务，并且会为了成功而竭尽全力；有明确的目标，并有很强烈的意愿想去完成；充满活力，标新立异，富有开拓创新能力，他们总是力图将每件事做得尽可能好；选择工作伙伴以高能力为条件，而不是以交往的亲疏关系为前提；有责任心，他们喜欢对自己的行为负责。反馈对具有较高成就动机水平的人十分重要，因为他们总想知道自己做的结果如何。

成就动机作为迈向成功的一大助力，无疑是促进个人发展的内驱力。麦克莱兰的“成就动机理论”指出，成就动机水平高的个体在事业与职业生活中能获得更多的成功。因此，创业成就动机应成为大学生创业素质的一个重要体现，提高大学生的创业成就动机水平是提升大学生创业素质的重中之重。心理学理论还指出，成就动机属于社会性行为，可以通过教育培训来提高大学生的创业成就动机水平。因为创业成就动机不受先天或是生理需求的影响，而是在后天的人际交往之类的活动中一天天形成的。大学生创业成就动机水平的高低，直接影响着他们作为后备高级人才力量的未来发展。我们必须充分加强对大学生创业成就动机的培养和教育，激发他们以成功创业为目标的潜力，从而使他们可以在面向现代化、面向世界、面向未来中努力做出更大的成就。

为此，学校应教育大学生以学业进步、创业成才为奋斗目标，而不应以考试过关为学习目的。学校加强对大学生成就动机的培养可采取以下两种方法：一是启发大学生在某种特定领域中增强成就感，主要是启发个体在特定环境中的特定知识与能力；二是由学校引导个体形成追求成就的动机，让大学生自己确定创业目标。除此之外，学校还应激发大学生创业者的创业潜力，培养对创业活动兴趣，将兴趣最终转变为自主创业行动。日本一位著名经济学家对 80 多位企业家进行调查，结果发现，他们所有人都表现出很高的成就动机水平和强烈的自主创业意向。许多创业者成败的经验或者教训告诉我们，创业兴趣能够推动社会智能创业的发展，还能转化为创业动机，进而提高创业成效；若创业者认为创业是一个沉重的包袱，不能激发他的兴趣，那他从意识层面上就会认为自己没有创业的能力和需求，从而放弃对创业活动的渴望。综上所述，培养大学生创业者超常的创业欲望与兴趣，也是加强创业成就动机教育的有效途径，应注意形成家庭、学校与社会等环境因素的合力，这一点是至关重要的。

二、创业思维

创业从某种意义上说就是创造财富（物质财富与精神财富），只有适应社会的发展和时代的要求，为社会、为他人创造出更多的财富，满足社会和人们的需要，才能把自己的人生价值转化为财富，才能在这种创造财富的过程中找寻到满足感，达到自我实现。人们通过创造性思维活动在长期社会实践活动中不断创造物质财富，不断积累精神财富。不论从事何种职业，不管是否情愿，当今的时代都对各行各业的人们提出了善于思维的要求，只有做到勤奋加思考，使自己成为一个具有创造性思维能力的人，才能使自己在事业上有所成就。大学生创业者身处于科技快速发展的时代，只有不断汲取新的营养，融入自己创业思维的训练与培养中，才不会被时代淘汰。

（一）对思维的理解

思维是人脑所独有的，对客观现实间接概括的一种复杂高级的认识活动。它以人的感知为基础，反映客观事物的共有特性和内在联系。人类能够通过思维认识到个别中的一般性，能透过现象去发现本质，能在偶然中归结出必然，甚至能根据现在重现过去、演算未来。

1. 思维方式分类

首先，根据思维搜索模式，可把思维区分为聚合式思维和发散式思维。聚合式思维是一种为了解决某一问题，对收集的各种信息进行分析，最终得出一个最优答案的思维模式。聚合式思维的主要特点是求同。发散式思维是一种为了解决某一问题，探求各种不同途径，最终得出多种答案的思维模式。它的主要特点是求异。这种思维不局限于传统形式，其方向和范围不定，破而后立，是一种通过现象追求本质的思维。发散式思维的特征主要表现为：流畅性（fluency）（思维敏捷、反应迅速而众多）、变通性（flexibility）（思维灵活、能随机应变、举一反三、触类旁通）、独创性（originality）（对问题能提出独特见解）。

其次，根据创新思维水平，可把思维区分为常规性思维和创造性思维。常规思维是指人们根据已有的知识经验，按常见的方案、程序和固有模式来直接解决问题的思维活动。创造思维是一种新颖而有价值的、非结论的，具有高度创新性和综合性，且能清楚地勾画和解决问题的思维活动。

我们认为，创造性思维是构成创业思维的重要成分，创业作为一种创造活动，是发散式思维和聚合式思维统一的结果。在创业思维活动的过程中，发散式思维与聚合式思维二者相辅相成，是互为前提、互相促进、辩证统一的两个方面。

此外，还可根据其他标准对思维进行分类，此处不再详述。

2. 思维过程的特点

思维过程的特点表现在以下几个方面。

（1）思维的深刻性

思维的深刻性是指在考虑问题时，善于把握事物的本质。有些人善于提出问题，善于通过现象揭露事物的本质，善于从个别中看到一般、从偶然中洞察必然；有些人不善于区分主要的东西和次要的东西，不善于区分现象和本质，即不善于提出问题，也不善于思考问题。

（2）思维的变通性

思维的变通性是指善于根据情况的不同灵活采取措施来解决问题。有些人善于根据具体情况灵活而迅速地解决问题，有些人拘泥于一种解决方案。

（3）思维的逻辑性

思维的逻辑性是指在考虑和解决问题时思路鲜明，条理清楚，严格遵循逻辑规律。有些人的思维具有严密的逻辑性，有些人解决问题缺乏逻辑性。

（4）思维的独立性

思维的独立性是指善于独立思考、发现和解决问题的思维品质。有的人不迷信权威，不易受暗示，能严肃地对待各种意见；有的人易受暗示，人云亦云，无独立的见解。

（二）创造性思维

创造性思维伴随所有创业活动过程的始终，创业活动尤其离不开创业者的创造性思维。对于创造性思维过程的分析，最有影响的理论是沃拉斯提出的四阶段理论。他认为与创造活动相联系的创造性思维过程可分为准备期、酝酿期、豁朗期和验证期四个阶段。与平常人相比较，富有创造力的人的思维具有高度的流畅性、变通性、独特性和敏感性等特征。

创造性思维以一般性思维模式为骨架，通过后天培养与训练得以实现。如果想要激发大学生的创造性思维，就需要鼓励其个性创造行为，对传统的学习评定成绩观念进行改革。我们可以鼓励大学生对同一问题以发散思维进行思考，从独创性思维、流畅性思维和灵活性思维这三方面去培养大学生的创造性思维能力；开展各种启发大学生创造性思维、培养其创造力性质的活动，如举办大学生创业计划大赛、建立科技兴趣小组等。作为创业者，大学生应在实践中有意识地培养和提高自己的思维品质，克服从众心理，突破固式思维模式，摆脱各类束缚思维（诸如惯性思维、学术思维）的障碍，开展有目的、有重点的思维培养和训练，特别是要着力加强创造性思维的训练与培养。在日常生活和教学实践中，大学生应注意在发展聚合式思维的同时，加强发散式思维的培养。大学生要善于不断学习、积累和运用知识经验，并熟练掌握逻辑思维和创造性思维方法，注意与他人交换意见，参加集体讨论，以激发和培养自己的创业思维与灵感。

三、创业意志

创业者需要克服自身惰性，时刻保持旺盛的斗志和充沛的精力，推动创业活动的发展。因此，是否能够保持旺盛的斗志和充沛的精力，是准备创立企业的人们所必须考虑的问题。这种旺盛的斗志体现了创业者顽强的意志品质和强大的自我控制力。困难、风险、挫折甚至失败都是创业过程中一定会遇到的，能否克服它们直接关系到创业者能否取得事业成功。坚定的意志力是创业活动必备的推动力量，也是人不可或缺的心理素质之一。能自主调节自身行为和精神状态，敢于战胜困难与挫折，是一个人具有坚强意志的具体体现；同样，缺乏意志则会一事无成。在社会实践中，随着任务的困难程度不断提升，所需的意志力也就越多。坚强的意志力能在社会实践活动中，通过克服各种困难和挫折，以个人的客观需要和事物的规律为导向，去支配和控制自己的行动，及时制止那些阻碍个体追求目标的因素，最终成功地完成所预期的目标。可以这么说，无论从事什么活动，意志在其中都具有极为重要的作用，要想获得成功就要以良好的意志品质为基础。对于富有挑战性的创业活动而言，更是如此。

（一）意志与意志行为

意志是指一个人根据已明确的目标，自主调节自身行为和精神状态，克服困难、挫折，并完成目标的心理过程。个体一般都是抱有积极的态度，并非消极的态度去认识客观世界的。我们以对客观事物的发展认识为依据，先建立明确的目标，根据这一目标，自主调节自身行为和精神状态，克服困难、挫折，并完成这一目标的心理过程就称为意志。受到意志影响的行为称为意志行为。意志行为具有目的性，是人类区别于其他生物的一大特征。

1. 意志行为的基本特征

意志会影响个体行为，但不是人的一切行为都能叫作意志行为。目的性、随意性、关联性是意志行为的三大基本特征。

（1）意志行为具有目的性

意志行为具有目的性，是人类区别于其他生物的一大特征。在个体开始活动之前，人脑之中就已经观念性地描绘出活动的结果了。在活动中，一般根据明确的目的来选择方法和安排步骤，并根据早已确定好的目的来作为评价自己活动结果的标准。所以，缺乏明确的目的性，也就不会有意志行为。人的意志行为和意志行动效应始终与所确定目的水平的高低有关。

（2）意志行为具有随意运动性

人的运动类型大体分为两种：随意运动和不随意运动。随意运动受意识的调节和支配，有一定的目的性或习惯性，比如阅读、操作电脑等。不随意运动一般不受意识的支配，比如婴儿吮吸、膝跳反应等。随意运动是意志行为的基础，否则任何目的都不可能在行为中实现。

（3）意志行为与克服困难相联系

在人的活动中，意志行为主要产生于克服困难与挫折时。例如，生病仍坚守岗位，就是一种意志行为，而逛花园、聊天、看电影等没有明显困难的行为，则不被认为是意志行为。内部困难和外部困难是意志行为中普遍会遇到的两种困难。内部困难是指存在于人的大脑和心里的某些消极思想，如消极、不自信等。外部困难是指某些不利的客观因素，如恶劣的工作环境、资金及别人的嘲讽等。个体在实现已确立的目标过程中，都会面临各种内部与外部困难。个体意志力量的强弱，正体现在克服这种种内部和外部困难的行动之中。

2. 意志行为的过程

意志行为的发展过程可以分为两个阶段：一个是采取决定阶段，另一个是执行决定阶段。采取决定阶段能促进意志行为的产生，并决定意志行为的方向，是意志行为的开始阶段；执行决定阶段通过对个人的愿望、计划、目的等付诸行为，并达成目标，是意志行为的完成阶段。

（1）采取决定阶段

通常是以个人的行为期望为最终目的，其过程环节依次为意愿矛盾冲突、确定目标或目的、制订计划、做出决策。个人期望行为所能达到的目的，有时明确，有时则非常模糊。当想要达到的目的只有一个时，因为不存在选择困扰，因此行为之间不会产生矛盾冲突；而当有好几个目的需要选择时，确定行为就会产生心理矛盾冲突，需要做出意志努力去确定目的，接着选择完成目标所需要的行为方式和方法、拟订行为计划，最终达到目的。而在选择行为方式和方法的过程中，也会出现很多不同的情况。有时候目的单一，需要的行为方式和方法单一，不需要选择，这就无须付出意志努力。但一般情况下，为了达到目的，必须通过比较各种行为方式、方法的优缺点及可能造成的结果来选择合适的行为方式和方法。此时，有可能产生心理冲突，在确定行为计划、做出决策时也会犹豫不决，这就需要我们为之付出意志努力。

（2）执行决定阶段

这一阶段是意志行为最为重要的环节。当确定决定后，在执行决定的过程中，往往会因采取决定或者执行决定的不同而产生各种情况。有些决定在确定之后就马上进入执行决定阶段；有些决定在做出后并不会立即付诸行动，而是作为未来的长期任务。在执行决定时，有可能会因某种原因动摇自己的决心和信心，如在执行决定时通常需要付出极大的努力，去克服因个体消极的品质或兴趣爱好产生的矛盾，或在执行决定时遇到新情况、出现新问题而人又缺乏应付和解决问题的技能和知识等。只有解决了上述这些矛盾，才会避免它们阻碍实施意志行为，才能达到获取成功结果的目的。良好的意志品质一般产生于克服困难和挫折的实际斗争中。

（二）意志的调节作用

意志通过调节个体行为来保证目标的方向性，调节作用为的是最终实现预期目标。发动和抑制两方面特性是意志对个体行为调节作用的具体表现。

发动是指促使个体去做为了实现预期目标的行为。例如，促使个体通过寻找设备、查阅资料完成某项工作任务。抑制是指制止个体去做不利于实现预期目标的行为。例如，约束自己不做与目标相违背的事。在社会实践活动中，发动和抑制作用是相辅相成的。意志行为利用发动和抑制这两种手段，克服影响预期目标的行为，通过发动有关行为来实现预期目标，最终完成意志对行为的调节与支配。意志对活动的控制和调节作用，除了调节个体外部动作外，还有对个体认识活动和情绪状态等心理状态的调节。例如，学生在课堂上要求自己专心听课，就是意志对个体在提高注意、思维记忆等认识活动上的调节；运动员在比赛时不断暗示自己“不紧张、肯定行”，这其实就是意志的调节作用，使其表现镇定。以上种种都体现出意志对情绪的控制和调节。

大量的生理医学研究实践证明，可以通过生物反馈来训练自身的神经自主调节内脏器官机能的能力，如可在一定程度上调节人的心肌血压、肠胃活动，甚至脑活动等。这说明意志对植物性神经所控制的内脏活动也有着一定的调节作用。

（三）意志品质及其培养

1. 意志品质

俗话说：“人生逆境十有八九。”人在意志行为中，执行已经做出的决定，实现既定的目标，并不是一帆风顺的。因为在实际执行决定过程中常常会遇到这样或那样的困难和挫折。此时，人常常会表现出紧张、彷徨、不安和焦虑等心理状态。而一个人的崇高理想、坚定信念和坚定不移的意志努力是有效克服各种困难的重要心理因素。意志行为的成功标志为：个体能彻底改变主观意志或客观现实，克服困难、战胜挫折，最后胜利完成其预期目标。意志行为在不同人的身上表现各有差异。有的人坚毅果敢，而有的人则顽固动摇；有的人当机立断，有的人则瞻前顾后。人们的意志特性千差万别，其中构成一个人稳定行为特点的意志总和就是意志品质。意志品质主要包含四种特性：独立自主性、当机立断性、坚毅果敢性和自主控制力。

（1）独立自主性

具有独立自主性的人表现为，深信自己有做出切合实际的重要决定并按计划执行的能力，并且能够对自己的行为所造成的一切后果负责。具有独立自主性的人对于自己的决定和执行力都是经过理智思考的，能理智地分析和吸取他人的合理意见。

受暗示性是一种盲从、随风而靡、易受他人的影响的消极意志品质，它与独立自主性相反。易受暗示性的人的行为动机一般都是受他人影响而产生的，往往不受自己内在观点和信念的作用。

（2）当机立断性

能否迅速地根据现状分析，坚决及时地采取和执行决定，是个体是否具有当机立断性的判定标准。与轻率仓促不同，当机立断是经过缜密思考的，有着充分的现实根据。当机立断的人能深刻地认识到自己的行为目的及方法，并能清楚地估计可能产生的后果，所以越是事态紧急，就越是能当机立断，毫不动摇。

优柔寡断是与当机立断性相反的消极意志，其显著特点是无时无刻都会产生意愿矛盾冲突。在有时间做出决定时，犹豫不决、瞻前顾后，当到了不得不做出选择时，只好仓促决定，一般会后悔所做出的决定，甚至开始怀疑自己做出决定行为的能力。优柔寡断是缺乏勇气、缺乏主见的表现。

（3）坚毅果敢性

坚毅果敢性表现为个体在实现目标的过程中，时刻充满精力，并坚持直到实现目标为止。善于克服困难、战胜挫折，为了实现目的，做到坚持不懈、始终如一，而且能在行为中做到不轻言放弃、勇往直前，敢于面对风险和挫折，这些都是具有坚毅果敢性的人所具备的品质。坚毅果敢性是人的意志品质的重要组成部分，是成功者奋不顾身地向确定目标前进的坚实后盾。

而动摇性和顽固性是与坚毅果敢性相反的惰性品质。动摇性是指偶遇挫折便望而却步，不去分析问题，不迫使自己去达到预定目标，遇到困难便放弃的性格。做事三心二意，有始无终是这种人的一大行为体现。顽固性是指哪怕实践证明个体的行为是错误的，却仍不认同别人的想法，往往因自以为是、一意孤行受到惩罚的性格。虽然表现形式不同，虽然动摇性和顽固性有区别，但从本质上说，都是不能正确面对困难，是一种消极的品质。

（4）自主控制力

自主控制力是指在意志行为中可以主动、自由地控制情绪，约束语言行为、思想活动等方面的意志品质。它是意志抑制功能的具体体现。在意志行为中，与目标不相一致的欲望的诱惑、消极的情绪（如厌恶、懒散、胆怯）等都会在个体做出决定及执行时造成一定程度的干扰。易冲动、意气用事、不能律己、知过不改等，都是缺乏自制力、意志薄弱的表现。

应该注意的是，在理解意志品质时，应该根据它自身的具体内容，从与社会和道德相联系的角度对意志品质进行评价，不应该抽象地理解。由上述可知，完善的个体性格是由所有的意志品质相互联系，相互弥补而形成的。

2. 意志品质的培养

良好的意志品质虽然并非天生，但是可以后天通过学习与锻炼，在不断的实践中培养形成。我们建议大学生可从以下几方面进行。

（1）树立远大的理想和志向，保持正确的行动目标

目标是行动的先导，人的意志行动也不外如是，因此，一个人要想培养出优良的意志品质，首先应当做的，就是为自己预设一个正确的行动目标。理想与志向具有极大的助推功能，只有树立了远大的理想与志向，人们才能在具体的实践过程中克服重重阻碍与各种困难。即便如此，人们仍需注意，要能够有机地结合长远目标与近期目标：近期目标是实现长远目标的必然环节；具体的实践活动能够产生深远的社会意义。在远大理想与志向的指导下，人们的行动自觉性可以大大地提升，并且在每一个具体的实践活动中，人们都能够做到胜不骄、败不馁，最终实现自己的长远目标。大学生创业，必须要有明确的行动目标和投身创业的远大理想和抱负，否则很容易被创业中的困难、挫折压倒。

（2）积极参加实践活动，在具体工作中实际锻炼

一个人意志力的有无通常通过其能否成功克服困难而得到体现，且克服困难的经历过程能够有效锻炼并进一步提升一个人的意志力。人们在追求理想、争取目标实现的过程中，往往会遇到重重困难与阻碍，这些对于其意志品质而言，无疑是实际的考验。因此，各种具体的实践活动对于一个人优良意志品质的培养而言是不可或缺的。因为人们只有在实践过程中，在具体而实际的活动中去不断遇到问题并顺利地解决问题，才能不断地获取直接经验并提升自己的意志力水平。可以说，意志参与贯穿人们的实践活动之始终，从最初的目标确立、计划制订，到后期的方法选择及切实运用，这一过程中，意志一直在发挥着作用。某种程度上我们可以说，人们是在具体的实践活动中锻炼并不断提升着自身的意志水平与品质，也只有通过具体的实践活动才能够实现自己的意志目标。换言之，具体的实践活动是意志产生与发展的基础，在提高人们的意志品质方面发挥着极为重要的作用。

（3）注意加强意志的自我锻炼与培养

归根结底，外因只有通过内因才能起作用。因而无论是社会及教育环境，还是人际关系及交往，它们作为外部条件与因素，只有通过人的自我锻炼与修养这一内因才能够发挥作用。因此，培养优良的意志品质，要特别注意加强意志的自我修养与锻炼。为此，要不断提高自我认识，加强自我监督和自我控制，善于自我激励，通过持续的努力和培养逐步形成自己优良的意志品质。

四、创业个性特征

（一）个性的概念和基本特征

所谓个性，是各种具有倾向性心理特征的总和，有着多个层次与侧面，具体说来，指的是人在心理方面的特质。个性倾向性与个性心理特征是个性心理结构的两个组成部分。其中，个性倾向性主要形成于人的后天社会化过程当中，它以人的需要作为基础，是人参与、进行活动的基本动力，在人性结构中所具有的影响最大，不仅在人对现实的态度，而且在人对认识活动对象的趋向和选择方面都发挥着决定性作用。不同于前者在人性结构中的活跃特质，个性心理特征作为人性结构中较为稳定的因素，侧重于指向个人具有经常性与稳定性特征的心理特点。个体的心理特征形成得较早，并在个体的发展过程中受到来自生理因素的不同程度的影响。个性的基本特征表现在如下几个方面。

1. 整体性

个性倾向性与个性特征并非孤立存在于个体的，恰恰相反，它们之间是彼此联系的，共同构成人的整体心理面貌——个性这一具有统一性的整体结构。

2. 独特性

由于一个人个性的形成与发展受到先天遗传、外部环境、成长经历及学习情况等多个方面因素的影响，而对于每个个体而言，各因素间的相互作用、关系不可能完全一致，故而个体的个性具有独特性。

3. 稳定性

前面已经指出，可以称其为一个人个性的，应当是其较具稳定性的心理倾向与心理特征的总和。言外之意，一个人在日常行为活动当中的偶然性表现不足以表征其个性，能够说明一个人个性的一定是那些较为稳定的经常性表现。

4. 社会性与生物性

人的个性形成与发展的制约、影响因素并不是单一的，而是有生物因素及社会因素两种，且这两种因素在个性的形成与发展过程中所发挥的作用并不一致，因此不能将其二者等量齐观：生物因素的作用主要表现在可以为人的个性提供发展的可能性，而社会因素的作用则在于使前者所提供的可能性成为现实。社会生活是人类正常心理形成与发展的基础，换言之，人的个性是在社会交往活动当中形成和不断发展的。

（二）创业个性特征

无数创业成功者的实例说明，在创业活动中起作用的不仅包括创业者的知识与能力这一方面，创业者的个性特征也与创业活动有着密切的关联。根据针对国外成功创业者所做的分析人们可以发现，这类群体往往有着与众不同的个性特征，比如更富有冒险精神和坚韧不拔的意志力等。鉴于个性有着可塑性及社会性这两个特征，人们可以通过对个人的个性进行有意识的锻炼和培养，从而获得有利于创业成功的品质和个性特征，如勤奋、豁达、谦逊、坚毅、自立、自信、自尊、自强、富于首创精神等。其中，自信这一优良个性特征在个体的创业活动中发挥着极为重要的作用：一方面，它是创业者创业活动能够取得成功的个性基础及动力源头；另一方面，它也是其他几种创业成功所需个性特征形成与发展的前提性条件。因此，在个性特征的后天培养和训练中占有十分重要的地位，应着力加以培养和提高。

（三）自信的培养

自信在一个人的个性心理结构方面发挥着驱动性作用，对人的心理活动与发展有着极大的影响。所谓自信，其实质为一个人的个性特征，且该特征具有相对的稳定性，是人类的最基本内在心理品质之一，对个体一生的发展都至关重要。具体说来，它指的是一个人在自身能力以及自身价值等方面所做出的正面认识与评价。自信不仅是个体心理素质的重要方面，而且也会影响人才创造力及其他素质的发展，是个体成材、成功的必备条件。大量的科学研究及事实发现，自信能够源源不断地释放一个人的潜能，对人类克服重重阻碍最终取得成功发挥着保障性作用。对于作为未来国家建设和社会进步的中坚力量的青少年大学生而言，大学阶段是他们踏入社会前的最后一段储备期，他们价值观的形成、自信的树立、健全人格的培养都在这一时期内完成，因此我们可以说这一时期对于一个青少年大学生来说是至关重要的，因为这直接影响到他们日后的就业、生活态度等。当前的学校教育可从以下几方面来培养大学生的自信。

1. 使大学生形成恰当的自我认知与评价

通过全面而又辩证地看待自己，大学生能够拥有正确的自我认知以及给予自身一个恰当的评价。全面辩证的自我认知与评价方式具体表现在两个方面：一是个体能够正确地看待和把握自身的优长；二是个体能够理智地看待自身的缺点及不足。能够对自己进行充分的估价是一个人树立自信的基础，过高或过低的自我估价都不利于个人自信的树立。个体自信得以形成的前提条件便在于其能够恰当地认识自我。我们可以发现，自信的人往往具备这样一种特点：他们不仅熟知自己的优势所在，而且也了解自身的不足，且能够自己针对问题做出改进，而不会听任其存在与发展。个体关于自身的看法对于其行为而言，不仅有着直接的影响，而且还存在着相当广泛的间接影响，而之所以如此，原因就在于个体对自身的看法与个体的个性特点以及心理健康状况等有着较为紧密的关联。个体对于自身的正确认识及恰当评价是影响个体自信心建立的两大关键因素，因此可以说，自信心有无的关键在于个体自身。真正意义上的自我认识是个体自信得以建立的前提，因此作为当代大学生的我们，首先应当能够做到正确地评价及全面地认识自身，而个体取得进一步发展的可能性也正存在于其对自身素能的正确认识以及其对自身价值和潜能的准确评估之中。总而言之，健康心理与健全人格是一个人走向成功不可或缺的内在条件。大学生是在与现实环境及与他人的相互关系中，以及在自身的实践活动中，认识自己的。对于大学生个体而言，拥有健康心理的标准应是其既能够以正确的态度看待自身的优点，欣慰而又不自大，又能够以平常的心态去面对自身的不足及缺陷，不气馁、勇于突破自己。每个人都是一个独立而特殊的存在，作为有知识、有能力的大学生，更应充分发挥自身的潜能，不断增强信心，充满自信地去迎接挑战。自信心差的人，一般总是抱怨自己的愚蠢、无知与懦弱，总想着自身的缺点而对自己成功的力量和个性中好的品质视而不见。事实上每个人都有缺点和不足，也都有自己的优点与长处。正确的自信培养方式并非无视一切客观条件而只是一味花费心思气力去改变与提高自己，对于一个人来说，基本的自我接收态度同样不可或缺。在面对某些以人为之力无法改变的缺点时，我们也要能够以一颗平常心去接收它们。与此同时，人还应当能够善于发现自身的优势方面，积极给予自身以肯定和赞美，这样不仅有利于自身优势的发挥与保持，更重要的是，其可以帮助自己建立及保持自信。

2. 多给予正向反馈和肯定评价

大学生的心理发展阶段普遍处于正在快速走向成熟但又尚未抵达成熟的过渡状态，他们的心理构成成分并不是单一的，其中积极与消极两种性质的心理成分同时存在。处于大学阶段的个体的自我意识开始增强，自我认识的积极性、主动性大幅提升，其重点认识对象由原来的外部世界转而朝向自己。但这个时期的他们在自我认知与评价能力方面尚未达到完全成熟的状态，因此总体而言，他们的心理状态兼具独立性与依赖性两者，也正因如此，教师应注意对其进行适时的引导与鼓励，以此来推进其自信心的建立及加强。根据研究结果，在大学生个体自信的形成方面，大学教师（辅导员）对其所做出的正确、及时的评价与反馈发挥着极其重要的作用，因而教师（辅导员）应抓紧一切与学生相处及沟通的机会，及时发现个体身上的优势与不足，并给予其客观的评价、及时的鼓励与引导。教师及时且正面的反馈对大学生个体自信的形成与确立有着积极的作用，有利于他们健康人格的形成。这是因为伴随着教师正向反馈及肯定性评价的发出，大学生个体会呈现出自我肯定的趋势，对自我的认知也愈发趋向于积极。学生的自信心也由于收到了来自教师的肯定而获得了加强，即使当自身面临着失败与挫折，也能够理智地进行归因，不会盲目而又颓丧地自我否定。与此相反，教师对学生的负面、消极性评价及反馈也会影响到学生个体对自身的看法。由此可见，作为与大学生有着相对密切关联的教师的评价，对学生个体自信与健康人格的确立与形成，的确有着十分重大的作用。为此，作为教师应当以培养学生个体正确、积极的自我认知为己任，并在自己给予学生反馈后去了解其在学生个体自我概念的折射作用下，对于学生个体而言，究竟在实际层面产生了何种影响。在平时的教学及教辅管理工作中，教师要注意多给学生以正面、积极的反馈与评价，以便帮助学生形成健康的人格。逐步培养和建立起学生坚强、稳固的自信心。任课教师与辅导教师应当打破以往“各自为政”的状态，以相互配合的方式展开教学管理工作，以培养具有自信及更健全人格的大学生为共同目标。例如，可以以组织课外兴趣小组活动为契机，给学生以积极性的反馈和肯定性的评价。

3. 进行适度的挫折教育

大学生群体的心理发展阶段正处于迅速走向成熟但尚未成熟的状态，这一时期的他们不但有着明晰的自我观念，且在观察、分析与解决问题的能力方面也有了较大程度的提高；这一时期的他们对于自我的评价也趋向于成熟的状态，例如他们的个体社会责任感提高，意识到自己学习知识的社会意义，也是在这样一种意识状态的驱使下，他们会更加有意识于对自身性格及能力的分析与评价以及对个人社会价值的评估，并用个人的分析评估结果指导个人实践，这些均可以被视为是大学生个体有着积极心理品质的表现。然而从另一方面来说，片面性与盲目性也普遍存在于大学生群体的思维当中，一些学生容易对自我评价失实，不够客观，自视甚高，这就导致了与他人对自己的评价之间的矛盾，而当他们面对这种矛盾时，往往容易陷入沮丧等消极的情绪之中，严重时甚至可能导致心理扭曲，从而形成人格障碍。在当前一代的大学生中独生子女普遍存在，他们自小成长环境良好，挫折经验也相对较少，加之个人如今成功考取大学的又一次良好性质的人生体验，使得他们普遍拥有自信。然而这样的自信是脆弱的，因为它是依赖于优良的外部环境而存在的，一旦当他们的人生中出现较大的磨难困苦之情境，他们的心理往往是难于应付的。从这个角度来说，适当的挫折教育同样是不可或缺的。一般说来，人生之路总是难免于困难与失败的，甚至可以说，逆境要相对地多于顺境。毫无疑问，成功的体验有益于个体自信的形成。然而，既然挫败在所难免，那么帮助学生培养正确的面对挫败经历的心态也就势在必行，这可以使他们不至于因暂时的困境而停下向成功迈进的脚步。也就是说，个体要做生活的强者，并非仅需拥有形成于顺境中的自信即可，真正意义上的自信来自生活逆境，即生活中那些失败与挫折的经历，任何个体都不能单单因为几次成功的体验就自以为已经拥有了自信。正因如此，对于大学生而言，重要的不仅仅是成功的人生体验，为了让他们能够更好地走向社会，面对未来的生活，取得事业上的成就，适度的挫折经历同样是不可或缺的。特别是对那些相当自信的学生进行一些挫折教育，利于他们以良好的心理素质应付各种挑战。因而在我们当前的高等教育实践中，创设一定的挫折情境十分必要，因为这样才能够帮助大学生群体在挫败经历中树立真正的自信。

此外，具体的创业实践也是磨炼与提高大学生自信心的重要途径。只有通过现实情境的锻炼而形成的自信心才是真正稳固坚强的自信力。相信创业成功的体验对大学生自信心的强化和稳固作用是任何其他渠道或方式所无法比拟的。

总之，大学生的创业心理素质是可以通过后天的努力培养和提高的。特别应注意的是，社会实践和勤奋努力对创业心理素质的影响是非常积极且重要的。你不仅要意识到这一点，还必须掌握提高创业心理素质的方法，并持之以恒地进行努力，只有这样才能使你感受到心理素质所带来的积极影响：健康的情绪状态与心境、坚强的意志、和谐的生活，充满自信地把握和创造自己的前途与未来。

最后，需要特别指出的是，大学生创业者除了具备良好的心理素质外，还要有健康的体魄——身体素质。身体素质是创业者和现代企业家其他各方面能力的物质载体。健康是“1”，其他一切都是“0”。在拥有健康的前提下，其他越多，说明人生越富有；如果没有健康，其他再多，也是无数个“0”，毫无意义。“天将降大任于斯人也，必先苦其心志，劳其筋骨，饿其体肤，空乏其身，行拂乱其所为，所以动心忍性，增益其所不能。”创业是劳累、繁重而复杂的，它的性质和特点决定了它对创业者的身体及心理素质的要求比一般人严格得多。由于创业者需要统筹安排一切，因而总是非常忙碌的，开始时创业者都凭着一股冲劲在支撑身体，但时间长了就会“透支”，从而引起许多健康方面的问题。例如，失眠、神经衰弱、胃溃疡、偏头痛等都是常见的创业者通病。创业者面临的健康问题主要来自两个方面：一是过度疲劳、体力透支；二是精神压力过大。在身体方面，工作繁忙，饮食又没有规律，长此以往，再好的身体也会被拖垮；在精神方面，创业者既要应付公司的内外关系，还要处理一些意料之外的事。因此，创业者往往会感到心事重重，特别是在创业之初，各种工作千头万绪常会使创业者心烦意乱，有的甚至在强大的心理压力下陷入精神抑郁之中。因此，创业者应在做好心理准备的同时，保持充沛的经历和健康的身体，坚持体育锻炼。科学研究表明，运动不仅能使人的整个身心产生愉悦感，而且能使大脑得到真正的休息。所以许多著名的企业家都将运动列为一生中最重要的事情。只有身体健康、精力充沛，才能使你从容应对创业中的困难与挫折、成功与失败，始终保持良好的创业精神与状态，不断迈向成功的创业顶点。

第五章　大学生创业教育的保障

大学生创业教育保障机制的建立是保障创业教育能够长期、快速且健康发展的必要条件。除此之外，教育保障机制的构建还有利于理论的具体应用，从而使其更好地服务于社会。大学生创业教育得以有序开展的前提在于创业教育的师资、创业教育评价与创业教育的文化这三个部分能够得到保障，社会支持网络则是创业教育条件保障的必要组成部分。

第一节　创业教育的师资

教师是进行教育、实现教育功能的基本力量，是传承文化、启迪文明、培养人才的专业人员，是专业化、制度化的教育者，也是学校教育工作的基层执行者。毛泽东曾经指出："政治路线确定之后，干部就是决定的因素。"而邓小平也曾说过："一个学校能不能为社会主义建设培养合格的人才，培养德智体全面发展、有社会主义觉悟的有文化的劳动者，关键在教师。""只有老师教得好，学生才能学得好。"因此，拥有具备创业能力的教师团队对大学生创业教育十分重要。教师队伍素质的高低直接关乎创业教育质量的好坏，是实现创业教育的根本保证。

一、创业教育师资队伍的构成

我国高校的教师队伍由两部分组成，一是教师队伍，二是管理队伍。管理队伍中包括服务人员。就当前情况来看，我国用于开展大学生创业教育工作的师资力量大致包括由专业教师队伍组成的学院派、由学生工作队伍和思想政治理论教师共同组成的政工干部以及由社会活动家、企业家与部分有志于公益事业的人士所组成的公益型三个部分。

通过我国教育部指定 9 所试点院校的情况来看，各所院校根据自身学科特点的不同而采用了不同的创业教师类型，或以多种类型相结合的模式展开创业教育工作。虽然限于教师数量的不足而使得大学生的创业相关需求无法得到满足，但对于我国大学生创业教育的开展还是起到了很好的推动作用，创新性地构建了我国大学生创业教育的新模式。下面主要介绍目前我国高校创业教师队伍的三种主要组成类型。

（一）学院派

学院派是指高校中专业从事创业教育的教师队伍。所谓创业教育，其主要的工作内容和目标就是要教授学生如何创业，同时以实践作为主要的教育方式，使学生在创业实践过程中掌握创业知识，提高创业能力。在当前所有开展创业教育工作的高校当中，“学院派”是从事创业教育工作的主力军，另外他们还兼任 SYB、KAB 创业教师。SYB 创业师资队伍，主要以培养社会人员为教育对象，使想创业者走上创业道路。KAB 师资队伍，主要是针对高校大学生开展创业教育，使大学生掌握创业知识，有利于其今后展开创业实践活动。就我国当前的情况来看，商业学院教师是高校创业教育师资队伍的主要力量，此外，从相关学科如经济管理、工商管理等的教师队伍中抽调的部分师资人员是进行该项工作的辅助力量。他们以企业管理为切入角度，为大学生讲授如何创业。学院派教师的优点就是能够系统地讲解所需要的专业知识，使学生掌握企业管理的知识。从目前教学现状来看，由于这部分教师大多没有创业经验，开展的创业教学也是从理论到理论，侧重“如何创业”，对“如何有效地提升大学生创业意识和创业能力”等方面的问题则涉及程度较浅。

（二）政工干部

在当前一部分高校当中，创业教师队伍主要由两部分组成：一是学生工作教师队伍；一是思想政治理论教师队伍。他们对大学生如何成才、如何激发大学生的创业意识和创业精神等有其独特的教学方法。政工干部主要包括校领导、中层干部以及其他管理人员三部分。其中中层干部主要从事创业管理工作，而其他管理人员也都从事与创业实践有关的工作，但他们对如何创办企业、如何管理企业、如何发展企业等现实问题的研究显得不足。创业教育是大学生就业过程中的新问题。一方面，教师对大学生创业感兴趣，也希望从中找到自己的学科方向，提高自己的学术水平，于是积极地投入到创业教育当中；另一方面，由于教师自身对企业知识的缺陷，教学方法、教学手段又以传统为主，这就不能适应创业教育的需求。

（三）公益型

公益型的教师队伍不仅包括企业家与社会活动家，而且还包括一部分公益人士，其创业相关知识的讲传渠道主要是各类媒体，而具体的宣讲内容则涉及自身的创业经验以及企业的管理办法等。除了媒体渠道以外，他们当中的部分人士还会选择前往高校深入大学生群体之中去进行以创业为主题的宣讲活动，为我国营造良好的创业氛围做了大量工作。这部分人的优点主要表现在他们仅仅凭着一份对公益事业的热爱而致力于创业教育工作。但由于自身的经历、知识等不同，对大学生创业教育的研究也不够深入，他们不能系统地给学生讲授创业知识，也不能完全解决大学生在创业实践中所遇到的问题。

二、创业教育师资队伍的素质要求

创业教师队伍的重要性不仅体现在他们是知识经济时代中的先行者，而且还表现在他们是开展创业教育工作的生力军。因此面对着知识经济时代中推动创业教育事业发展的新要求，创业教师必须注重自身素能的不断提升，以确保自身能够更好地应对来自时代发展的挑战。

（一）良好的道德品质

教育大计，教师为本，好教师是好的教育得以存在的前提。《教育规划纲要》已经指明："教师要关爱学生，严谨笃学，淡泊名利，自尊自律，以人格魅力和学识魅力教育感染学生，做学生健康成长的指导者和引路人。"作为培养创新人才的摇篮，高校必须高度重视自身教师队伍的建设工作，以打造一支崇于师德、精于业务的高素质队伍为目标来满足当前创业教育工作的需求。

教师一向有着"人类灵魂工程师"之美誉，他们既是传道授业解惑之人，又是塑造他人灵魂的人，则其自身首先必须具有高尚的灵魂。林崇德认为："师德是指教师在从事教育活动中所形成的比较稳定的道德观念、情感体验和行为规范的总和。"

由此，良好的道德素质是教师具备基本素质的首要环节。孔子说："其身正，不令而行；其身不正，虽令不从。"教师要以身作则，先"正己"，后"正人"起表率作用。一方面，作为一名教师，应当要有崇高的职业道德。这是因为崇高职业道德的具备能够促使创业教师更好地躬身于创业教育实践工作，在自己的工作岗位上尽己所能地发挥能量，诲人不倦，为创业教育事业的发展贡献出自己的一分力量。另一方面，身为一名教师，其德育观念要能够跟随时代的发展而有所进步。创业者必须具有良好的道德品质，随着市场经济的发展和改革开放的进一步扩大，大学生面对的就业压力越来越大，这就要求创业教师必须具有与时俱进的德育观，能够明了时代发展形势，适应社会上出现的新情况与新变化，能够认识并创新地解决问题，教师的职责不仅仅在于教授学生与创业相关的知识和技能，且还包括要传授给后者一种理念，即在创业过程中要同时学会做人与思考。

（二）高度的敬业精神

提及“敬业”，南宋朱熹曾有云：“敬业者，专心致志事其业。”作为一名教师，其应当具备的基本品质不仅包括爱业、乐业、勤业、精业，且还包括创业。身为创业教师自然也应当具有覆盖全面的优良素质与能力，其中，敬业精神便是创业教师最为基本的素质。教师敬业的核心是尊重职业、精通职业、献身职业。

第一，教师应当尊重自己所从事的职业。对于一名教师来说，其必须且首先要具备的就是这样一种心态——热爱并尊重岗位，尊重自身职业所从属于的教育事业。教师要对教育这项事业的重要性有清晰且深刻的认识，其只有对自己的工作有了一个正确而充分的认识，才会对教育工作有执着的追求，方能乐此不疲，矢志不移。教师应当培养自身的职业理想，应当具有事业心与责任心，真正地尊重并坚定无悔地投身于教育这项伟大的事业。教师应当对自己所从事的这份职业具有热爱的情怀，唯有如此，其才能够从这份职业中收获强烈的荣耀与自豪感，进而能够更加严于律己，更好地致力于教师这一岗位。

第二，教师应当能够做到精通于自己所从事的职业。教师是教育事业中的根本力量，作为一个人，都希望自己的人生能够富有意义，希望自己所从事的职业能够不仅为自己，更能够为他人、为集体、为社会创造价值、产生意义，那么教师自然也是如此。然而教师要想实现自己的人生追求，必然要刻苦锻炼自己的业务能力，精益求精，以期能够不断提升自身的教学工作能力。

第三，教师应当有献身于所从事职业的精神。只有真心热爱教师这份职业，不遗余力地投身于这份职业，教师才能实现自己的职业理想、人生追求。美国心理学家马斯洛在其需求层次理论中，认为人的自我实现的需求是最高需求，就是要把献身职业和做出成就看成自己的职责、使命和责任。成就感的来源离不开一份对于职业的热爱，更离不开为了事业而孜孜不倦的奋斗与磨炼，因此教师应当在具备敬业精神的基础上，全身心地投入具体的教学实践工作中，才有可能收获幸福感与成就感。

（三）与时俱进的教育观念

观念不是从来就有的，也不是永远不变的。马克思和恩格斯曾说：“人们的观念、观点和概念，一句话，人们的意识，随着人们的生活条件、人们的社会关系、人们的社会存在的改变而改变……”由此看来，具备与时俱进的教育观念对于创业教育工作的展开而言不可或缺。《国家中长期教育改革和发展规划纲要（2010—2020）》（以下简称《教育规划纲要》）也曾指出：“深化教育体制改革，关键是更新教育观念，核心是改革人才培养体制，目的是提高人才培养水平，树立全面发展观念，努力造就德智体美全面发展的高素质人才。树立人人成才观念，面向全体学生，促进学生成长成才。”这对新时期人才培养提出了新的要求，无论是人才培养体制的建立还是教育教学实践活动的展开都离不开人才培养观念的具备，此外，人才培养观念对于人才培养体制而言起着决定性的导向作用。因此，创业教师的教育观念必须与时俱进，确保自身具备正确的教育观念以及师生观念。

教师应当树立全面发展的教育观念，这也就是说，教师在开展教育工作的过程中，要致力于促进学生在德智体美等各个方面的发展，一方面，在以育人为根本的同时，坚持德育为先，大学生创业教育的开展应以理想信念为核心，要大力推行公民的道德教育以及民族精神教育，从而使大学生树立正确的三观。另一方面，高校应注重学生学习兴趣及能力的提升，在培养其创新创业精神的同时也要注重提高其创业实践能力，因为正确的劳动观念、态度及良好的劳动技能是创新创业型人才所需具备的几项基本素质。

人人成才观念的树立就等同于人人都能创业理念的树立，也就是说，要争取为每个学生的成才提供必要的支持。人人成才观念的树立有利于及时发现及正确对待创新创造型学生。教师在创业教育的开展过程中既要鼓励冒尖，也要允许落后，此外还需因材施教，尊重每个学生的个性，从而促进学生创业能力的提高。

第一，教师应建立新型的师生观念。《大学》有言，“大学之道，在明明德，在亲民，在止于至善”，其中蕴涵着丰富的师生关系的哲理。良好的融洽的师生关系是创业教育成功的先决条件。新型的师生观要做到两点。一是要建立民主平等的师生关系。人民教育家陶行知指出：“创造力是否能发挥的条件就是民主。”教师在开展创业教育过程中既要做学生的慈母，也要做学生的严父，更要做学生的益友。师生之间要真诚、坦率、平等相待、共同合作，只有这样，学生在学习的过程中才能有自主意识，即更加具有自觉性与主动性。勇于创新，民主平等的关系是创新创业教育成功的前提条件。二是要教学相长。创业教育过程是教师与学生的双边活动过程，教与学作为教育活动的双方，其二者之间是既相互制约又互相促进的辩证关系。教师在开展创业教育的过程中，一方面要重视学生主体作用的充分发挥，另一方面更要注意教师主导作用的有效体现。在教学过程中，学生靠教师的指导学习前人的经验和各种专业知识，掌握创业的理论、方法和创业技能。同时，学生也对教师有很大的促进作用。教师在教的过程中，也会发现自身创业知识的不足，学生对创业不理解的提问，会使教师发现缺漏，这对于教师而言不失为一种间接性的监督，促使其勤于钻研，教与学二者并重。

第二，教师应具备终身学习的先进观念。作为一名从事创业教育工作的教师，要适应知识经济时代的要求，树立终身学习的观念，让学习成为贯穿其一生的活动。教师要做到学不厌烦。所谓学不厌烦，是指教师要靠毅力挤时间扩充知识，而不被繁重的教育教学任务所挤垮。现在教师的教学科研任务很重，常年奋战在科研一线，站在三尺讲台，学习时间很难保证。然而当前的教育形势一方面要求教师要具有广博的知识，另一方面要求教师要承担繁重的教学任务，因而教师应当具有超前意识，即在当下就做好知识的储备工作，以满足教学过程中大学生的知识需求。教师要做到在完成繁重的教学任务之余，坚持不断地进行必要的知识补足，除了凭借自身毅力外，还需要树立并不断提高自身的教育观念。

第三，教师要做到学以致用。对于教师而言，学习知识是为了应用它们，也就是说，应用是其学习的目的。正因于此，教师应当以学以致用作为自身学习活动的原则，既要注重知识的习得与生成，也要注重知识的应用及转化。苏联教育家伊·斯·马里延科曾经指出："有时候，革除旧的观念，并不一定从阐明什么不好、为什么不好开始，而是从安排另一种生活实践开始，让学生接触另一些人们的行为……"教师的学习主要是为了指导教育实践，提高工作能力，教师的学习目的应十分明确。教师还要坚持学用结合的原则，应根据自己的不足确立明确的学习方向。教师要围绕创业教育，为国家培养创业人才，提高教学质量。教师在开展学习时，只有明确了学习方向，学习才有动力，教学才有效果。

（四）全面综合的知识结构

创业教育对师资的知识结构要求更加高，科学家泰勒就曾指出："具有丰富知识和经验的人，比只有一种知识和经验的人更容易产生新的联想和独到的见解。"因而，创业教师的知识结构应当具有全面性与综合性——既应包含丰富的知识内容和稳固扎实的专业技术能力，还应具备科学方法论的素养。

第一，丰富的知识内容。综合的知识结构是创业教师满足学生求知欲，多途径开发学生的创业意识所必需的。在开展创业教育过程中，教师不仅要教会学生创业知识，还要将创业教育与专业教育结合起来，进行学科渗透。这就要求教师要对创业所需要的知识如职业教育、经济管理、社会学、心理学等知识有一定的了解。只有这样才能适应创业时代的要求，满足学生的创业需求。

第二，稳固扎实的专业技术能力。所谓“专业技能”，其实质就是教育所需的知识，确切地说，是指创业教师在从事创业教育过程中所需的基础性知识。教师对创业相关基础性知识的准确理解与掌握是其有能力精心进行教学设计的基础与前提，除此以外，教师还需掌握专业的技能，且还需要与时俱进，对自身既有的知识与技能进行更新，最好具有一定的创业实践经验。创业实践活动的开展是创业教育过程中必不可少的一环，教师应做到能够及时地发现、了解并帮助解决大学生在创业实践过程中所遇到的困难和问题，这就需要教师向学生分享自己的创业经验之谈，为学生的创业实践提供指导。

第三，科学方法论的素养。开展创业教育需要教师要有现代教育理论和心理科学方面的知识，以及科学方法论的素养。这一素养的具备在教师的创业教育过程中发挥着极其重大的作用。它既有助于教师发现和认识学生的身心发展以及教育的规律，还有利于推动多种创业教育及教育研究工作的展开。科学方法论素养是创业教师与其他一般教师最大的区别，这也是教师知识结构中最薄弱的一环，将会影响到创业教育的实施。

（五）较强的创新能力

创业教育工作旨在培养创新创业型人才，因此教育创新能力也是创业教师必须要具备的一种能力。教师具备教育创新能力主要表现在教师在解决教育教学课题过程中的新颖性、求异性以及高效性，具体说来，是其在处理教学问题时能够因材施教，合理地组织安排教学内容，不遵循传统的教学模式与教学程序，教学方法较为灵活。创业教师的教育创新能力具有多层次性和强综合性等特点，是多元化能力的有机统一，具体则主要包括以下三个方面的能力。

第一，创业教师需具备确定合理教学目标的能力。在创业教育的开展过程中，创业教师必须能够精准确定教学工作的目标，而合理教学目标的确立既离不开教师对创业教学大纲要求与创业教学内容特点的准确把握，也离不开其对学生个体特征及学生知识接受能力的把握。这意味着在创业教育的开展过程中，创业教师要能够及时发现教学工作中存在的问题，并能够针对问题调整和设计科学的教学方案及教学方法，从而有效地提高学生的创业素质。为了提高创业教育教学目标的针对性和实效性，创业教师在把握大学生的共性之余，还要能够对学生个体的特点有所了解和掌握，这也是决定创业教师是否具备教育创新能力的关键。

第二，创业教师需具备设计与实施科学教学方案的能力。创业教育对其他学科教育而言的特别之处就是其教学目标旨在教会学生如何创业，这也就决定了其教学方案的特殊性。创业教育工作要求教师在全面、准确理解教学大纲要求的基础上，能够科学分析大学生的创业思想及创业素能，除此以外，教师还要能够在把握学生个体特征的基础上确定合理的教学方式。科学教学方案的成功设计要求创业教师能够根据自身既有知识经验充分发挥理解力、观察力以及想象力。此外，教学方案的实施也是关键的一环，创业教师需要综合运用多种教学方法将科学合理的教学方案转化为良好的教学效果。

第三，创业教师需具备发现及充分发掘学生创新创业潜能的能力。创业教育的实质是素质教育，个体创业成功是其个性的体现。大学生的个性对其爱好、需求、理想、信念等都具有决定性作用，因而创业教师在进行创业教育教学活动时应当做到充分了解和把握学生个体的特征，做到因材施教。此外，教师还需善于运用科学的教学方法来帮助学生评估自己的优缺点，通过创业教育弥补自己的不足，提高学生的创业能力，从而有效的选择自己的创业目标。创业教师在创业教育的开展过程中要注重对学生积极性的培养和调动，为学生充分挖掘自身潜能尽可能地提供和创造条件，从而有效改善创业教育工作的实际教学效果。

所谓创业能力不仅仅是一种智力特征，更是一种人格特征；不仅仅是一种精神状态，更是一种综合素质。因此，要提高教师的创业能力，还必须要注意教师创业意识、创造性思维、创业人格等的培养。

（六）高超的教学艺术与管理艺术

教师在创业教育的开展过程中不仅要具备出色的讲课水平，还应当具备高超的管理能力。教师必须将大学生的思维调动起来，使他们集中精力听好每一堂课。著名的植物学家米良捷夫曾经指出：“教师不是传声筒，把书本的东西由口头传达出来，也不是照相机，把现实复呈出来，而是艺术家、创造者。”创业教师不仅要具备高水平的教学能力，还应当深谙管理艺术。

1. 高水平课堂讲授艺术能力

课堂讲授是一门科学，课堂讲授艺术能力主要是教师运用口头语言创新性地为学生传授知识、开发智力和培养技能。第一，创业教师应具有对讲授内容的科学把握能力。创业教师要对讲授的内容吃透，这样才能把握教材的各个章节，系统地掌握教材的内容，在讲授过程中也不拘泥于教材。在讲授过程中要不断了解学生对讲授内容所提出的疑难问题，针对学生关心的问题，掌握学生对创业学科的未知点，先要做到系统化创业学科知识要点，然后再将已经系统化了的知识规律化。第二，创业教师应具有合理讲课方法的选择能力。合理的教授方式既是取得课堂效果的有效手段，也是教师提高讲授水平的重要条件。首先，要注重讲授方法的科学性。在讲授过程中，要有科学的内容、科学的态度和科学的语言。其次，要注重讲授方法的启发性。创业教师在展开教育活动的过程中，要善于运用启发式的教学方式，以使学生更好地发挥其在学习活动中的主体作用，营造民主、合作、互助的教学氛围。再次，要注重讲授方法的教育性。创业教育中不仅要教会学生创业知识还要提高大学生的创业人格，培养学生的社会责任感。因此，在创业教育过程中，还要有机地进行思想教育、政治教育和道德教育。这就要求教师要以身示范，身教与言教结合，引导学生进行生动活泼的自我教育。最后，要注重讲授方法的创新性。创业教师要具备因材施教的创新性讲授能力，善于分析学生的个性特点，根据不同学生的认知特点、思维状态，选择适当的教学方法，从而提高学生的内化知识。

2. 高超的教学组织能力

课堂教学组织能力是教师完成课堂教学过程中必须具备的能力，课堂教学的组成要素并非仅限于课堂教学活动的参与双方——教师和学生，它还包括课堂教授内容以及课堂活动方式等。这就要求教师在开展创业教育教学的备课中要在设计、安排和组织课堂教学时综合考虑各种成分和要素；课始、课中、课尾的安排要恰当，使课堂教学的各个组成部分优化组合，在课堂教学时，还要体现层次性；在教学中要做到环环相扣，层次有序。同时教师在教学中要有效地运用教育机制，去灵活的处理课堂教学中出现的各种问题。

课外活动组织能力是教师在课堂教学之外有目的、有计划、有组织地对学生进行的各种有意义的教育活动。它是课堂教学的延续、扩展和补充，有利于提高学生的动手能力，课外活动的形式丰富多样，主要包括讲座和参观类的群体性活动以及兴趣小组等。组织开展课外活动要求教师要具备计划性、自主性和激励性的能力特点。

三、创业教育师资队伍的建设

作为教育事业第一资源的教师，是推动创业教育事业科学发展的主要力量，创业教育在我国起步比较晚，现有的师资队伍不适应当前创业教育发展的需要，且以当前的师资培养模式很难在短时间内建成一支训练有素的创业教师队伍。因而，如果要培养更多的创新型人才，我们在向国外借鉴成功经验的同时，还要以我国的创业教育实际为根本依据，开拓创新思维，从而有效地提高当前的创业教师队伍水平。

（一）建立专兼职动态发展的创业教育师资队伍

从国内外创业教育的成功案例来看，创业教师应来自经济管理、工程技术、政府经济部门、企业、创业园、投资公司等领域，他们构成了创业教育专业体系的六个基本要素。从我国创业教育当前所处的阶段来看，创业教师队伍应以专业和兼职两个类型为主，构建一个创业教育的专家体系，而高校教师又是其中最主要的力量，他们从事着创业教育的知识教学、创业实践、创业管理等工作。

1. 专职及兼职的创业教育教师

在高校内部，创业教育的师资力量主要由两部分组成——专职创业教师及兼职创业教师。专职教师的工作内容重点在于创业教育研究，对高校创业教育工作的规划、管理和考核。这类教师主要负责向在校大学生教授创业知识，从而提升学生的创业能力。除此之外，专职教师还可以在大学生的创业实践活动中担任指导，在企业的经营方面为大学生提供帮助。在高校的各个学院中从事学生工作并兼任创业教学工作的教师是兼职教师。兼职教师队伍主要包括思想政治理论、法学、心理学等学科的教师以及学生工作干部，负责学生的思想道德教育工作。

2. 引自校外的兼职教育人员

为了弥补高校教师队伍实际创业经验匮乏这一缺陷，高校在教育工作开展过程中还需从校外引进各个领域的专业人才，如成功企业家、技术及法律专家等，以使高校创业教育工作能够更好地开展。具有不同专业背景的教师团结协作，能够更好地指导大学生的创业实践活动。比如，技术方面的专家可以以企业顾问的形式参加企业的咨询指导，为企业家决策提供帮助，有助于学生在高科技产业创业时获得最直接的指导。再比如，由于充分了解国家的创业政策，政府工作人员可以在商业机会的选择方面为大学生提供指导和建议。政府人员一方面为大学生创业提供政策方面的咨询，帮助大学生申办企业；另一方面可以帮助大学生选择创业产业。成功的企业家具有强烈的竞争意识和坚定的自信心，成功企业家的创业经历可以为大学生的创业之路提供更为有效的指导，帮助其绕开不必要的弯路，树立创业信心。对于处在创办初期、发展尚未进入平稳状态的企业来说，孵化管理专家可以在资金、管理方式等方面提供便利与支持，旨在对高新技术成果、科技型企业和创业企业进行孵化，以推动合作和交流。这些管理专家不仅可以帮助创业者尽快建立自己的企业，还可以帮助创业者创办的企业更好的发展。风险投资家除具有工程技术专业基础知识，金融投资实践经验、掌握现代财务会计知识、法律知识及现代管理知识等外，还具备良好的组织协调能力和精准的判断力等。他们的投资经验可以帮助大学生学习创业知识、提高创业技能，选择很好的创业机会，使大学生很快走上创业之路。

以上这部分专家是动态的，他们可以在高校创业教育管理部门的协调统一下，做好大学生的创业教育。上课形式可以多样化，以充分发挥专兼职教师队伍的特长。

（二）构建创业教育学科体系，培养师资队伍

从西方发达国家的成功经验中我们可以看出，创业学学科建设在创业教育发展过程中发挥着重大作用。以哈佛大学为例，其创业教育工作依托商学院/管理学院负责创业教育的日常管理、经费筹措、师资培养、课程设置等工作。这种创业教育模式也推动了创业学作为一门独立的学科在高校得到发展。为了推动创业教育工作在我国的发展，我国需要学习成功经验，致力于创业学人才培养体系的建设。

一方面，应当尽快确立创业教育的学科体系。“没有体系，便不能成为科学”。就当前情况来看，创业学仅仅是一门课程。创业学科的教学基本内容在于以企业为核心的创办—管理—清算活动周期。创业学研究所所长曾说：“一个可以称之为体系的知识系统，必须满足三个基本条件：第一，系统的逻辑性；第二，系统的协调性；第三，系统的完备性。”目前这三个条件可以说基本满足，然而要想吸引优秀人才加入创业教育的教学与研究工作中来，当务之急是必须大力推动创业教育学科体系的确立。

另一方面，应当依托于学科体系加大对创新创业型教师的培养力度。目前已有部分高校确立了创业管理研究方向并设置了工商管理专业硕士点，这也是创业教育师资力量的主要来源。有条件的高校应借鉴美国的经验如斯坦福大学设立创业学专业，开展理工科研究生创业学方向的培养，该方向可以授予哲学博士学位，主要培养未来从事创业教育的师资力量。我国也应当探索创业学硕士、博士的招生，增设创业教育方向的学位以培养创业教育领域中的优秀人才，缓解当前创业教育快速发展过程中师资不足的现状。

（三）加强创业教育队伍的专业培训

优秀的创业教师应当集专业与学科知识、职业规划能力与创业实践能力

于一身。因而创业教师需要不断学习以武装自己的头脑，提升自身的教学水平。高校要开展各类培训，通过有效的培训来提高教师的教学水平。列宁指出："教育、训练和培养出全面发展的，受到全面训练的人，即会做一切工作的人。"培训可以使教师的智力和体力达成统一，改善教师的业务水平。

尝试联合国外高校共同进行专业培训。西方发达国家如美国、英国等都有大学开设了专门针对创业教育师资的培训，具有健全的创业师资培训体系。我国的师资培训工作在立足国情的基础上，还需具备国际眼光，走一条国内外相结合的师资培训道路。在创业教育工作方面，我国的高校应当加强与具备成功经验的发达国家间的合作联系，以此来推动创业教育的研究工作，可以通过开展联合培养博士、硕士的形式提高我国创业师资的水平。

鼓励与国际培训机构开展培训。根据国外创业教育师资培训现状来看，我国可引进社会组织的支持以满足创业教育工作的师资需求。我国政府目前在创业教育师资培养工作中采用了申报、监督和补贴等方式，与此同时，还为开展创业教育工作提供了如KAB、SYB、YBC等平台。KAB，英文全称是Know About Business，意思是"了解企业"，它是由共青团中央、全国青联与国际劳工组织合作开办的创业教育项目。SYB，意思是"创办你的企业"，它是由国家人力资源和社会保障部与国际劳工组织实施的培训项目。YBC，是由共青团中央负责的中国青年创业国际计划，英文名称是Youth Business China，中国青少年社会教育基金会是其组织实施单位。项目旨在培养创业精神及提升创业能力的同时，还呼吁企业重视其社会责任，并致力于经济与社会协调发展的推动。另外，相应的师资培训计划也在该项目中得到了实施。

（四）构建师资队伍建设的动力机制

虽然《教育规划纲要》中有内容涉及对未来十年教师队伍建设工作的要求，但是创业教师队伍的建设还必须把好入口关、考核关，健全激励机制，这样才能将优秀人才吸引到创业教育队伍中来。

1. 建立国家标准的准入制度

《教育规划纲要》中明确提出了严格的教师准入制度要求及加快教师资格证书定期登记制度建立的要求。创业是就业的一种形式，也是培养创新人才、提高全民族素质的有效途径，是构建创新型国家的重要因素。它是以实践能力、创新能力为基础的，这就对教师的业务能力和综合素质提出了更高的要求，创业教师除具备教师资格证外，还要具备一定的创业能力。因此，必须把好创业教师入口关，建立国家标准的创业师资准入制度。要将教师职业道德、业务水平作为创业教师队伍的重要指标，在业务水平上，不仅要将理论知识作为准入的因素，还要将创业实践能力作为创业教师准入的重要指标，这样才能为我国培养高素质、高质量的创业人才。

2. 完善考核与评价机制

教师开展创业教育活动中重要的环节就是考核与评价，它起着调节、控制、导向和决策的功能，是整个教学活动中的指挥棒，它对构建创业教育师资队伍有着重大意义。SYB 的评价模式对考核与评价机制的完善工作具有极大的借鉴意义。SYB 的评价模式规定了教师的职责，并有科学的评估方法，它采用了 6 种评估表，帮助 SIYB 教师衡量 SIYB 培训对潜在和已经开办企业的企业家进行培训后产生的结果和影响，其中 SIYB 培训班活动报告要提交人力资源和社会保障部与国际劳工组织。这样就可以从培训前、培训过程中、培训结束后三个阶段进行评估，保证教学效果。因此，我们应借鉴 SYB 教育的经验，结合我国创业教育实际，努力做到将对结果与对过程的考核工作相结合，与此同时，做到绩效与考核结果挂钩。此外我们还应推动教学评价制度的建立，如 SYB 每日培训意见反馈表，学生将每天培训的收获、不理解的地方等匿名反馈给任课教师，有利于教师调整教学方法。在培训结束后展开培训效果评估表，这样可以有效地评价教学效果。

3. 健全创业师资的激励机制

恩格斯指出："就单个人来说，他的行动的一切动力，都一定要通过他的头脑，一定要转变为他的意志的动机，才能使他行动起来。"只有将人的内在积极性激发出来，才能使教师有奋发的动力。《教育规划纲要》提出："加强学校岗位管理，创新聘用方式，完善激励机制，激发教师积极性和创造性。"因此，为了激发创业教师的工作热情和积极性，完善、有效的激励机制不可或缺。此外一定要有相关政策能够激励创业教师积极投身于创业研究工作当中，这不仅有利于教师创业教育热情的激发，还能够促使其在创业教育工作中投放更多的精力并能够很好地将研究成果应用于创业教学实践当中，从而促进"以研促教""教研相长"目的的实现。另外，创业教育涉及的知识面广，导致了创业教师的工作量大，因此为了让创业教师可以集中精力于创业教学活动，应当要对教学工作量给予适度倾斜。与此同时，还要将创业教育视作教师的一项考核指标，并设置严格的奖惩制度，从而在激发创业教师工作积极性的同时，也能够保证创业教育工作的实效。

（五）创业教师自身要提高素质做一名合格的教师

为了尽快适应创业教育的发展，高校的创业教师自己也要从自身做起，转变自身教育观念，提升自身思想水平，坚持不懈致力于自身素能的提高以及自身知识结构的完善，促进自身良好职业品质的形成，这样才能更好地胜任创业教育工作。

首先，加强自我修炼，培养良好的职业品质。作为一名合格的教师必须加强自我修炼，提高自身的职业品质。古人云："师者，人之模范也。"高度的职业责任感、使命感，目标明确的事业心和成就感是创业型教师的必然要求。

责任意识是教师的基本素质，高度的职业责任感就是要有自觉地将创业教育工作做好的愿望，并对所从事的工作高度负责。不会视工作和目标为负担，而会以百倍的努力去学习，忠实地履行职责。

为人师表是一名创业教师职业品质的前提。荀子明确提出："夫师以身为正仪，而贵自安者也。"强调教师要起典范作用。创业教育刚刚在我国起步，大部分大学生还处于迷惑状态。学生希望在教师讲授中，汲取思想营养，学到知识，感受精神熏陶、获得对创业的理解。教师的思想、品德、理想、情操、学识见解、治学态度和奉献精神等品格都会对学生产生深远的影响。这就要求创业教师要树立科学的世界观、人生观和价值观，不断提高自己的道德修养和综合素质。这样教师对学生而言才更加有学识和人格魅力，有助于创业教师教育工作的开展进行，为国家和社会培养并输送一批批富有新时代特征的创新创业型人才。

其次，形成全面、终生学习的观念，不断完善自身的知识结构、提升自身的综合素质。教师要想培养自身的创新创业能力，离不开深厚的知识积淀，教师只有掌握系统的知识，才能有效地将知识传授给学生，如果没有扎实的知识和科学素质，教师就成为"无源之水，无本之木"。马克思指出："教育者本人一定是受教育的。"教师就要给人以智慧和启迪，为学生的时间和未来负责任，要以真才实学教育学生。对于创业教师来说，必须树立终生学习、全面学习的观念，不断补充新知识、新技能，吸收新观念、新思想，丰富和更新自己的知识结构，只有这样才能保证自身创业教育工作的常态化进行。

最后，坚持以创业教学实践为基础、以科学技术研究为先导，不断提升自身的教学水平。创业教师不仅要教会学生创业，还要研究如何教才能使成效更加明显，这就需要其能够在创业教学实践的过程中不断更新知识、积累经验，从而使自身的创业教学水平得到提升。在具备广博知识的基础上，高校教师还得有较深的学术造诣。忽视科学技术研究的教师，不能说是一个好的大学教师。只有不间断地从事科研，不断提高自己的学术水平，不断以科技前沿的最新成果充实教学内容，对教学内容的处理才能高屋建瓴，融会贯通，授课时才能讲解精辟，入木三分，要点明确，画龙点睛。创业教师只有在进行创业教学的同时，不断地发现问题，积极的投身科学研究当中，才能提出自己的见解和思想，并将科研成果更好地应用于课堂教学，从而在推动教学改革的同时提升创业教学的质量。因而教师必须全身心地投入教学、科研中去，不断学习充实自己，开发新形势下创业教育的新方法、新途径，为培养创新创业型人才构筑氛围和土壤。

第二节 创业教育的评价体系

作为教育活动重要组成部分之一的教育评价在保障教育质量方面发挥着举足轻重的作用。教育评价是一个以教育目标为评价依据，以有效技术为评价手段，以教育活动和结果为评价对象的价值判断过程。要想保证创业教育质量，离不开创业教育评价制度的建立以及创业教育评估活动的开展，而且它们还对中国保持经济活力的不断增长，推动培养创新创业人才具有重要意义。

一、创业教育评价的原则

（一）全面性原则

所谓全面性原则，是指在遵循教育内部规律、坚持创新创业人才培养工作目标的基础上，必须以全面的观点综合性地分析与判断各种教育现象。除了要关注教育内部的评价也要遵循教育外部规律，密切关注社会反馈，以此推动开放、科学、动态的大学生创业教育评价体系的构建，使高校的创新创业教育工作能够符合时代发展的要求。

（二）导向性原则

评估不是目的，更重要的是引导。高等学校探索如何在全新的创新创业人才培养中评价培养目标和效果等，使其能够发现和掌握自身创业教育工作开展过程中存在的问题和不足等，从而使其结合自身特点、深化教育教学改革、全面探索和构建各具特色的创新创业人才培养模式的过程，有助于创业教育的进一步改革及创业教育水平的提升。

（三）一般与特殊相结合的原则

所谓教育评价的一般性，是指针对教育工作所采取的评价标准必须具有普遍适用的特点，这可以帮助被评价单位了解其在整体中所处的位置。而评价的特殊性主要是指在学校与学校、教师与教师、学生与学生之间存在差异，实施教学评估时不能只搞一个模式，不能一刀切，应分别区分，提出不同要求，要对不同的学校灵活对待。

二、创业教育评价的内容构成

（一）创业教育理念和目标的评价

教育理念和培养目标是高等学校开展创业教育的重要因素，它关系到开展创业教育的全过程，它体现了高等学校深化教学改革，不断探索与实践创业教育，培养创业型人才的办学指导思想。对一所高校的创业理念和培养目标进行评价主要是考察这所学校的办学思想、课程设置及教学方式等，另外，高校所采取的教育方式是否与创业教育的要求相符也是评价的内容之一。

（二）课程设置的评价

课程设置是创业教育工作中的一项重要环节，高校的课程设计必须做到“结构合理化、内容主体化、形式多样化”。高校的课程设置既要使创业教育的特殊性有所体现，也要改变只重视知识传承以及知识的单一化教育功能，从而提升大学生的创新创业能力；高校要不断调整创业课程的结构，以强化知识结构的完整性，使学生在校学习期间能够提高学生生产、生活的“活”知识，密切教育与社会实践的联系，提高学生终身学习的能力；高校的课程设置在内容上，要有多样化的课程，能够充分发挥学生主动性、积极性和创造性，从而培养学生的观察力、较强的动手能力及勇于探索的精神。

（三）学生的学业评价

作为教育评价重要组成部分的学生学业评价“是指以国家的教育教学为依据，运用恰当的、有效的工具和途径，系统地收集学生在各门学科教学和自学的影响下认知行为上的变化信息和证据，并对学生的知识和能力水平进行价值判断的过程”。该项评价体现在创业教育中则主要是针对大学生的创业能力及其在创业活动中所有的创业行为进行评价与价值判断，评价的主体是对大学生创业活动进行评价的评价者。创业能力评价的主体既包括学生、学校，还包括投资者及政府，由他们对大学生创业活动中的各个环节进行评价，而创业者自身的素质、创业群体的整体水平和创业者所拥有的知识产品或服务的科技含量、市场前景、技术的可靠性等均可作为评价活动所参考的指标。评价大学生的创业能力有助于评估高校的创业教育工作。

（四）教师的评价

教师评价就是根据教师的知识、技能、教学成果来对他们的优缺点以及个人价值做出描述和评判的过程。在创业教育中，对教师的评价应当从教师的创业能力、科研能力以及教学效果等方面来进行。

1. 教师创业能力的评价

教师的任务，不仅是教书，更重要的是育人。教师的创业能力是创业教育的基础，学校一方面要通过一系列手段提高教师的创业能力，另一方面要注重对教师自身的创业教育水平进行评价，其中教师的教育观念、动机、方式及知识结构、实践能力等都可以作为教师创业教育能力的评价指标，以此方式来引导教师尝试创业实践，提高自己的实践能力，从而提高教学水平。

2. 教师科研能力的评价

创新创业教育在我国还处在起步阶段，创业教育的方式、方法、教学内容等还有待进一步的研究，教师必须投入创业教育的研究当中。承担科研课题、参加学术活动、撰写学术论文是提高教师教学水平的有效方法。

3. 教师教学效果的评价

该项评价在整个创业教育评价中发挥着至关重要的作用，一般由基本理论与基本技能两部分组成。其中对基本理论的评价可以从大学生对专业知识的掌握情况入手，而对基本技能的评价则更倾向于关注大学生在竞赛活动中的表现情况，而在大学生毕业后的创业阶段则应以社会评价为主才能更好地体现教学效果。

三、创业教育评价体系的主体方式

（一）高校自评

这是高校对于自身的一种评价，创业理念是该类评价方式中有着关键作用的一项考核内容，能够指导创业教育的全过程，同时也决定着创业教育的效果。创业教育理念的评价指标主要包括创业教育的学分、课程设置以及专项基金培育支持等。创业教育理念评价的主要因素和观测点则在于考察高校创业教育与创新、创造等的结合情况，专业性教育与普及型创业教育的系统开展状况，以及高校的创业教育是否具有全方位的渗透性等。评价创业教育活动主要从创业活动、创业宣传的影响力、参加活动的学生人数等方面入手。

评价创业实践则需以各类创业实践课程为切入点，从创业实践课程的设置、创业实践的针对性与可行性、校园创业文化、创业者的创业素质等方面来评价创业实践。

（二）政府评价

吃饭于政府对高校开展创业教育的评价，当前的研究较少，但从现有创业教育现状来看可以从以下三部分评价。一是大学毕业生的创业率与就业率之比。当前政府每年都对高校大学毕业生进行考察，对创业教育的评价可以采用大学生创业率来评价。大学生毕业几年后，大学生经过几年的职业设计，一般具有了较为稳定的职业。这时大学生的创业能力就可以从创业人数上来考察，这是评价高校创业教育最为稳妥的指标之一。二是毕业生的创业效果。大学毕业生在经过几年的创业实践后，可以从其创业项目的领先性、成长性以及经济效益等几个方面来判断其创业能力。三是创业者为社会创造的就业岗位和机会。是否创造了社会效益也是评价创业者创业是否成功的一项重要指标，创业者为社会提供的就业机会、职工的社会福利、职工的教育培训等是创业者最大的社会效益。

（三）社会评价

社会对高校开展创业教育的评价是较为科学的评价指标之一，西方很多发达国家对高校的评价都使用毕业生参加工作后的现状来评价高校的教育水平。评价的主要指标有三个。首先，毕业生的综合素质。综合素质包括毕业生的信息收集能力、分析和解决社会问题的能力、在工作团队中的重要性及单位对其年终考核状况等多个方面。其次，毕业生的职业结构与工作收入。前者是高校创业教育水平的体现，具体可分为五类：第一类包括教授、科学家、官员等；第二类则主要包括大学教师、企业家、律师等；第三类由企业管理人员及事业单位中层领导干部等组成；第四类是指企业技术人员及事业单位普通职工等；第五类是简单型、熟练型、体力型的劳动者等。评价者可以依据以上五类的毕业生的比例，客观地分析出各类大学的教育质量。最后，毕业生的社会影响。该项评价可以从毕业生所经营或管理的企业在整个行业中的认同感以及毕业生作为企业领袖人物在社会层面的公众形象等角度入手。

第三节　创业教育的文化

一、创业文化中的物质形态

所谓物质形态，就是艺术、科学技术等领域的创造发明物化于产品之中的文化。高校的物质环境特指学校的硬环境，它既包括学校的周边环境，也包括校园内部的布局与景观、教室布置与教学设施等。校园环境是校园文化的最直观体现，校园的物质文化形态不仅是学校的物质基础，而且还是全校师生开展教育教学活动的物质载体。学校的文化、办学思想、教育理念等都蕴涵在校园环境之中，师生通过在其中活动，能够通过感悟蕴涵其中的哲学思想与文化传统而提升自身的气质涵养，改善自身的言语行为，因此可以说校园的物质文化形态是一门隐性课程，对学生发挥着潜移默化的教育功能。

创业文化中的物质形态能够影响人的思想、行为，是一种无形却具有鲜明特征的精神文化气氛。第一，物质形态的基础性。作为创业教育存在和发展前提的物质环境具有客观实在性及相对稳定性两大特性。物质环境在形成后即可在一定时期内保持存在的状态并持续发挥作用。第二，物质形态的中介性。这是指创业教育的理念、内容可以渗透到物质环境中去，从而使物质形态具备传递教育理念和实现教育目的的中介性质。

二、创业文化中的制度形态

所谓制度形态，是指人类为满足自身的某种需求或为适应自身所在社会的发展需要而制定的各种制度及法规。制度形态在学校层面的体现就是学校制度，它是指以学校自身为制定主体、以校内各种社会关系及师生行为为对象的管理制度和规范体系，包括学校的各种规章制度、道德规范、行为准则等。创业文化中制度的建立标准是要能够满足大学生创业教育工作开展的需求。科学的管理制度不仅要符合时代与社会发展的主题，而且还要符合创业教育的根本目标，即能够促进人的自由发展及全面发展。

学校应积极推动“主体性”学生管理理念的树立、科学学生评价机制的建立以及创业教育配套机制的完善等工作的进行，也就是说，要在高校创业教育工作的开展过程中以及大学生的管理工作方面充分发挥大学生的“主体性”，这不仅有利于教育工作的顺利开展，且有利于大学生参与主动性与积极性的调动，从而使他们能够服务于自身，对自身进行教育与管理。树立“主体性”的学生管理理念，就是要改变传统的教育方式，重视大学生的主体性作用，要注意以学生为本，发挥学生的自我意识，引导学生自我教育。大学生的主体意识包括“自强奋斗意识、自立学习意识、自我发展意识、自我创造意识、自我修养意识、自我管理意识、自我评价意识和自我完善意识”。当然，我们说树立“主体性”学生管理理念，并不是对大学生放任自流，而是要在管理过程中发挥学生的主体性。这样既做到引导又让学生认识到自己在自身发展中的主人翁地位。

三、创业文化中的观念形态

位于创业文化最高层的观念形态是指人类创造的各种语言文字、数学抽象符号以及各种科学发展著作和文化作品，即各种文化的物质载体。它是校园文化的核心和灵魂，主要包括优良传统、师生员工的价值观念、道德意识、理想信念、审美情趣、心理素质等。高校在长期创业教育开展过程中形成的关于大学生创业行动，如推崇创业精神、鼓励创业行为等的文化即高校的创业文化。因而，为了促进大学生创业意识的形成及其创业素质的提高，高校应当在创业教育的开展过程中有意识地探索校园文化的观念形态。

为了营造良好的创业氛围，高校应当加强创业典型的宣传工作。创业文化观念形态的转变需要通过长时间的积累与不间断的宣传才可以实现。因此，高校要想充分激发在校大学生的创业热情，必须致力于大学生创业典型的宣传工作，使在校大学生转变就业观念，勇于创业。伴随着社会主义市场经济的深入发展，“国家宏观调控、市场微观调节、个人积极作为”的就业、创业新格局正在形成。大学生只有在摒弃传统就业观念的基础上形成自主创业的新时代就业观念，才能真正具有挑战创业风险的意愿，积极投身于创业实践中去。

四、创业文化中的活动形态

马克思曾说：“社会生活在本质上是实践的。凡是把理论引向神秘主义的东西，都能在人的实践中以及对这个实践的理解中得到合理的解决。”此即实践的观点，也是马克思主义理论体系中的最基本观点。创业文化中的活动形态不仅包括各种文化创造及传播活动，如各种文化娱乐活动等，而且还包括各种文化团体和文化活动设施，如各类学术机构等。作为创业文化中的有形载体，活动形态是指创业教师为了实现教育与自我教育的目的，将创业教育的内容融入各种活动之中，从而使学生通过参加活动而受到教育。

社团活动以及社会实践活动都是活动形态的重要组织形式，其作为课堂的补充形式可以使学生通过参加这类实践活动，在具体问题的解决过程中锻炼自己的动手和动脑能力，掌握一些课本以外的知识内容，实现自身综合素质的提高。校园文化可以影响学生的素质培养，而使这种影响得以发挥的最直接方式就是创业文化的活动形态。除此之外，校园文化还是培养高校大学生在创业方面的意识及能力的重要途径，通过它学生可以直接体验创业文化。首先，可以开展关于创业的校园实践活动，如创业演讲比赛、创业计划大赛等，以此促进校园创业文化氛围的形成，从而使学生形成有关创业的意识。其次，可以将人文素质教育融入创业教育中去，促使大学生通过文学等人文知识的学习全面提升自身的创业素质。再次，注重社团作用的发挥，在高校中成立创业型社团并以其作为载体开展各类有关创业的活动，如科技、体育活动等，从而促进大学生创业意识的形成与创业能力的提升。最后，鼓励高校大学生在业余时间投身于创业实践活动，如开展创业调查活动，以此来了解并掌握创业成功者所需具备的基本素质。另外，高校大学生还可以通过深入企业中去锻炼、实习，来提高自身创业的实力。

第六章　当代大学生创业精神培育

第一节　大学生创业精神培育的内涵及其意义

创业活动是使创业精神获得体现的载体，在经济领域当中，“企业家”的概念总是与“创业”一词形影相随。“企业家”一词所对应的英语词汇为entrepreneur，而该英文单词则源自法语词汇 entreprendre，指的是从事商业活动的个、群体。就当前情况看，英语“entrepreneur”多被翻译成“企业家”，而“企业家精神”对应的英文词汇则是“entrepreneurship”。

一、大学生创业精神培育的内涵

截至目前，学界对“创业”一词的定义尚未达成共识，之所以如此的原因有二：一是创业活动带有极强的综合性；二是创业研究也具有明显的学科交叉性。但是关于该词，当前已经存在着许多基于不同角度而下的定义。比如，由上海辞书出版社出版的《辞海》就将“创业”一词定义为“创立基业”；而若根据第 5 版的《现代汉语词典》，“创业”一词则被解释为“创办事业”。由此不难看出，定义的不同角度之间也存在着一定程度上的共性，即多立足于宏观。与之不同的是，大学生创业活动语境下的“创业”则是由中国学者基于国外研究成果从狭义角度做出的解释。综合前述几种观点，笔者认为，所谓“大学生创业”，是指大学生通过开掘各路资源、把握各种时机，最终向社会输出价值也实现自身价值的一个过程。其中，大学生个体自身所具备的创业精神与能力是不可或缺的主观要素。此外，“创业”一词并非仅仅指向新企业的创立，基于工作岗位上的价值创造也属于创业。

（一）大学生创业精神的含义

西方经济领域是创业精神的发源地，“创业精神”对应的英文单词是“entrepreneurship”，而“entrepreneur”则是指创业者、企业家。曾有美国学者指出，所谓具有创业精神的主体，不单单指向个人，且还可以包括企业，这一观点的意义在于其为创业精神奠定了经济学领域基础。还有经济学家认为，创业精神是一股富有创造性的破坏力量。还有观点将创业精神看作一个致力于财富创造的创新性过程，这一观点进一步地发展了“创业”的概念。随后，史蒂文森（Stevenson）立足于此观点展开了更为深入的研究并指出，创业精神并非仅指一个创造新的价值和财富的过程，在这一过程中，还需要创业主体去挖掘优势资源、把握良好时机；而根据斯图尔特（Stewart）的观点来看，创业精神最终所指向的则是创收行为，具体而言，是通过一定方式——引入新组合而创造出利润（特指超过行业平均水平的利润）的行为。在国外，关于创业精神的研究工作早期将关注点置于创业者个人所具有的特质之上，并倾向于认为个人特质与新组织的成立、新价值的创造之间关系密切。随后出现了更多的有关创业精神的学者观点，其中有观点认为创业精神不仅是一种个性特征，更是一种行为特征，并指出无论是个人想要取得发展，还是社会需要进步发展，都离不开这一精神。

相对地，国内学者则多倾向于从国家的角度去理解创业精神，例如《伦理学大辞典》和《马克思主义哲学大辞典》就是从这一角度将创业精神定义为一种存在于中国特色社会主义建设过程中的精神动力，认为其有利于广大干部与群众力量的凝聚，促进其共同克服困难，不断开拓进取。由这一角度来看，创业精神不仅是我国先进文化不可或缺的一个组成部分，而且在推动社会主义现代化建设与实现中华民族伟大复兴“中国梦”方面发挥着举足轻重的作用。就目前情况而言，我国的创业精神相关研究工作尚且处于初级阶段，而学者们由于自身学科背景的不同也对创业精神这一概念有着不同的理解，以下是几种较有代表性的学者观点。

依照南京市社会科学院党委书记、研究员周直的观点，创业精神的实质是一种勇往直前的心理过程，在这一过程当中，创业者不仅要敢于抓住创业机遇，还要能够勇于承担并积极应对创业可能带来的风险，积极发挥自身的创造力，为自身及社会创造新的价值。周茂东，宋岩等人发展了前述观点，将创业精神定义为一个个体通过有计划的努力并应用创新性的方式最终创造出新价值的过程。但这两种观点的共同点在于它们都指出创业精神其实是一种心理过程。与之不同的是，于长湖等人提出创业精神的实质为思想观念和精神状态。

李肖明则倾向于将创业精神界定为一种属于创业者的个人特质，并从心理学、行为学以及思想意识三个不同的角度描述了这一概念的内涵，即创业精神不仅是一种心理特质和行为模式，且还是一种思想观念。创业精神的内涵包括五种，它们分别为：自信执着、激情创新、稳健应变、主动坚强、包容柔韧。

根据骆守俭的观点，创业精神就是创业实践取得成功的企业家所独具的精神力量，它是一种由创新精神指导的将创新性思想观念转化为具体的创业实践蓝图的思维意识。伍秋林等认为创业精神的实质为人格特质，其不仅是创业实践活动得以不断进行的动力源，而且对于创业的成功而言更是一个重要的前提条件。

创业精神研究是一项横跨多门学科的工作，由于自身不同的学科背景，研究学者对于创业精神的理解必然不尽相同。依照笔者的观点，创业精神的实质是一种精神力量，它能够促使人们在尊重客观条件的基础上积极发挥自身的主观能动性，大胆把握时机进行创新，为自己和社会创造更多的价值。时代精神体现在就业和创业实践领域，即为创业精神，其作为一种精神力量，既可以通过创业者的优良品质体现出来，也可以通过社会组织的精神风貌得到表现，旨在鼓励人们应用创新的方式去开创自己的事业。判断大学生是否具备创业精神的标准是看其在创业活动中是否具有敢为人先、追求卓越的精神，善于思考、勤于实践的习惯与坚定不移、不畏困难的信念。

（二）大学生创业精神的基本内容

江泽民同志从国家建设的层面对创业精神的内涵进行了界定："解放思想，实事求是；积极探索，勇于创新；艰苦奋斗，知难而进；学习外国，自强不息；谦虚谨慎，不骄不躁；同心同德，顾全大局；勤俭节约，清正廉洁；励精图治，无私奉献"。从《2015 创业邦 30 岁以下创业白皮书》中我们可以看到来自企业家群体对"85 后创业者"的描述主要集中于"专注""责任""执行力强"和"自信"这四个词汇上，而用以形容"90 后创业者"的词汇却变成了"标新立异""灵活多变""聪明"以及"自信"，这些创业者们用自身具体的创业实践诠释了抽象的创业精神，对于大学生培养创业精神具有很强的借鉴意义。

1. 敢为人先、善于思考的创新精神

创新性即创业精神的本质所在。事业的开创与成功绝非成于朝夕之事，而需要经历一个漫长且曲折的过程。同样地，大学生应当正确地认识我国当前的政治经济环境，即我国当前的政治经济环境在为大学生带来创业机遇的同时，也蕴含着一定风险，为大学生创业带来了不小的挑战。大学生若固守于传统的"铁饭碗"就业观念，一味求稳，缺乏探索与冒险精神，是很难取得事业上的成功的。需要说明的是，具有冒险精神、敢为人先并不等同于不顾客观实际与事物的客观发展规律而盲目地参与实践，恰恰相反，它是指实

践主体在对外部客观形势有了一个充分认识的前提下，展开行动，大胆创新。创新精神中的“敢为人先”也不仅仅是指在对成功的追求方面敢于冲在前面，它还表现为敢于承担事业开创过程中所具有的风险。

在进行创业实践的过程中，大学生要勤于思考，善于运用知识理论武器分析自身所面临的社会现象与形势，只有这样才能透过事物的表象探究到其位于根部的本质，从而找到问题与困难的解决办法。马克思主义唯物辩证法的科学性是经过了实践检验的，高校要注重学生创新性思维的培养，使其在探索与迎接挑战的过程中能够打破常规性的思考方式，从而创造新的价值。大学生要具备创新的自信心，在追求创新的道路上敢为人先。

2. 勤于实践、艰苦奋斗的实干精神

创业这场硬仗，万万不可纸上谈兵，而是要具备实干精神，一切选择、判断的做出和创业活动的展开都离不开对客观实际情况的把握与分析，在此基础上，再以创新性思维创造出新的价值。大学生要积极投身于社会实践，不断提升自身的实干水平与能力。身为一名大学生，要想实现个人价值与社会价值，不仅要掌握充足的理论知识，还要懂得实践对于真理而言的意义——检验真理的唯一标准，更要具备理论联系实际的能力，在不断实践的过程中，积累足够的经验。大学生在完成由学生身份向社会职业人员身份转换的初期，尤其需要具备艰苦奋斗的实干精神，勤于实践，善于把握时机、积极挖掘资源，在创业实践过程中实现财富与创业经验的积累，全面提升个人能力。创业精神离不开实干精神，实干精神是创业精神的先导。一个人在其职业发展过程中，要勤于实践，善于应用实践去检验一切真理或观念，只有这样才能保证自身及时地从过时的、不符合当前时代发展形势的旧观念、传统思想中解放出来，不断开拓新局面、创造新价值。

3. 追求卓越、永不止步的学习精神

伟大事业的开创永远离不开追求卓越这一精神的不断推动，而事业的开创非一朝一夕可成，它需要一个或会漫长的过程，因此，坚持学习贯穿创业活动的始终，并对事业的发展状况起着动态性的影响。能否坚持学习、是否善于学习对事业的失败起着至关重要的作用。面对日新月异的社会发展形势，创业者如果欠缺了追求卓越的精神品质，缺少了具有前瞻性的思维与目光，那么就很难跟上时代的脚步，取得长期的成功。因此，创业者应具备与社会环境相适应的能力，不断更新自身观念，保持与时俱进的状态。在如今瞬息万变的社会发展环境中要想保持前进、不停滞的状态，创业者必须坚持学习，形成终身学习的理念，只有这样才能使自己具备宽阔的视野与灵活的思维。

与此同时，在学习的过程中，创业者还要善于动脑思考，不能死记硬背，要注重理论与实践之间的关联性与差异性，要具备整合与创新的能力，唯有如此，才能够在日益激烈的社会经济市场竞争中保持不败的姿态。

4. 坚韧不拔、知难而进的坚定信念

事物的发展方式是螺旋式的，是在迂回中发展、前进的，即就发展的基本方向和整体趋势而言，事物是处于前进与上升状态中的，但就发展的具体方式来说，则并不是按照直线的方式的。也就是说，虽然发展的前途是光明的，但其道路却是曲折的。创业活动并不能一蹴而就，它也需要经历一个过程。处于创业初期的大学生难免会囿于种种原因，如个人知识结构的单一和社会经验的不足，或者社会资源的缺乏和创业技能的薄弱等而遭遇挫败，而这就需要大学生创业者具备良好的抗挫能力和心理素质，坚定不移于自身的创业理想，有勇敢向前、超越当前困境的自信与信念，保持开始时的创业激情。由此可见，大学生创业精神的培养离不开对其心理素质和坚韧意志的培养。高校不仅要注重引导其树立坚定的创业信念，还应该注重对其抗挫能力的培养。

（三）大学生创业精神培育的含义

培养大学生的创业精神不仅是高校推进思想政治教育和创业教育两项工作的必然要求，还是我国高等教育进行改革的一条重要途径。当前，我国正处于以大众创业为全新经济发展引擎的新形势之下，高等教育也将自身从传统的人才培养模式中剥离出来，将大学生创业精神的培养工作视作新的教育工作目标，注重对其创新思维的培养，同时注重促进其综合素质的提升。培养大学生的创新创业精神有利于其正确的就业及创业观念的形成。高校想培养大学生的创业精神，不仅要从理论学习这一个方面展开教育工作，还需要鼓励大学生多多参与创业实践活动，而后者的实现在一定程度上则离不开学生家庭与整个社会的理解。提及创业，不可理所当然地将其等同于创办新的企业，而鼓励大学生参与创业实践，指的是鼓励大学生能够怀揣创业精神去面对个人的一系列活动，如生活、学习、工作等，并能够在这一过程中实现自我价值与创造新的价值。创业精神可以被内化成一种理念，从而使大学生无论在学习过程中还是在工作岗位上都能够树立并保持自信，同时具备明晰的责任意识，能够积极地发挥创造性思维，充分挖掘优势资源、把握良好时机以促进新价值的产生与新局面的形成。

二、大学生创业精神培育的意义

习近平总书记曾说，大力弘扬中国精神是实现中国梦的重要前提，当今的时代精神是以改革创新为核心的，大学生创业精神是时代精神中不可或缺的一部分，同时它也是后者在大学生这一群体中的体现。我国当前正处于知识经济的发展阶段，而人力资源在推动经济发展方面发挥着首要作用。作为知识经济发展核心的创新能力是每一个新时代人才所不可或缺的。在当前全球产业的竞争中，大学的存在有着战略性意义，作为人才储备主力军的大学生不仅要具有创新精神，且还应具备一定的创业实践能力。培养大学生的创业精神不仅有助于大学生实现其自身价值，且还有助于促进我国高校的教育体制改革，除此之外，它还对我国社会经济的改革与发展工作有着推动作用。

（一）大学生个人价值实现的现实需要

马斯洛曾提出人的需求层次理论，根据该理论，人的需求并不是单一的，如果其生理性需求得到满足，那么他便会向发展性需求这一层次提升。人类最高层次的需求是自我实现，这也是人之一生的终极追求，追求自我的实现是一种充分发挥自身潜力的趋势。大学生在追求自我实现的过程中，必须要具备与此相应的个人品质与个人能力。作为一种精神动力，创业精神促使大学生能够勇敢做出自我突破，积极发挥自身的创造性思维，开拓新的局面，在自身的人生发展过程中最大限度地挖掘与发挥自身潜能，最终实现个人与社会两个层面的价值。高校的创业创新型人才培训工作要在尊重大学生个体特质的基础上展开，不但要培养大学生的创业观念，还要在创业实践活动方面对其加强引导，在保留其个性优势的基础上促进其综合素质的进一步提高，全面提高其个人品质与创业能力。

（二）高校教育体制改革和发展的内在要求

高等院校只有做到不断提升自己对社会的服务能力，满足市场的需求，才能够实现自身的可持续发展。教育观念的更新、教育模式的变革与教育体系的完善是我国高等教育体制改革的前奏、序曲。高校首先应当摆脱传统的教育思维与观念，即由注重知识的教授转向注重对于学生能力的培养，使人才质量获得真正意义上的提高。此外，高校还应加快知识理论与研究成果向社会生产力的转化过程。高校要想在大学生中间宣传与创业有关的思想理念，开展创业实践活动，首先必须彻底摆脱传统的教育理念，改革教育体制，更新教育观念，不仅仅注重对学生创新思维的培养，而且还要大力推动学生的思维创新转向实践创新。这是高等教育实现改革目标的必然之法、必经之路，与此同时，这也是高校适应于社会发展的必然结果。我国目前正处于社会主义市场经济的发展转型阶段，经济结构的变化牵动了人才需求结构的变化，导致对知识型人才需求的大量增加，可见，我国的新阶层无论是从队伍的数量方面还是质量方面都尚需发展。作为我国人才的培养基地，高校必须根据社会及教育的当前形势，及时更新观念与教育方法，注重对大学生创业精神的培养及其创业能力的提升，全面落实素质教育工作。

（三）全面深化改革建设创新型国家的客观要求

创业精神是创业活动得以不断发展的动力之源，它能够将先进的科技理论应用于创业实践活动从而创造价值与财富。我们要加大在创新创业型人才培养方面的投入，不断创新科学理论与管理方式，以使经济的发展方式更加丰富多元，使经济发展方式转变加速。此外，我们还要致力于产业结构的不断优化与升级，促进创业友好型社会经济发展环境的形成，且鉴于我国当前严峻的就业形势，加大对大学生创业精神的培养将有利于从根本上解决我国当前的就业难题，因而加大对创业精神的培养势在必行。创业精神对于大学生创业型思维观念的树立具有明显的引导作用，有助于其思想更迅速而彻底地从传统思维——进入体制内就等于有了铁饭碗中剥离出来，此外，创业精神还能够帮助大学生提升其在工作岗位上的表现，使其敢于创新，能够懂得利用价值创造价值的创业逻辑，即懂得挖掘优势资源、把握良好机会，这样不仅向社会输出了价值，增加了社会中的就业岗位，而且最根本的是其实现了自己作为人的价值。创新型人才是国家经济向前发展的智力保障，培养创新型人才就是为我国社会的进步提供人力资源方面的支持，这不仅是对我国社会经济发展方式与社会主义市场经济体制转变这一迫切需要的回应，而且对于我国国民经济的繁荣而言具有极大的推动力作用。因此，我们应当注重对大学生创业精神的培养，促进其创新观念的树立及创业意识的生成，积极拓展其思维，并鼓励其投身于创业活动实践中。创业精神不仅有利于力量的凝聚与活力的激发，也有利于创业队伍的壮大与经济发展动力的加强。创业教育的精髓与中华民族优秀传统文化的精髓是一脉相承的，因此注重对创业精神的培养有利于对优秀民族文化与精神的弘扬与传承。

第二节　当代大学生创业精神培育的历史发展

创业活动与创业精神在我国由来已久。资本主义工商业的发展催生了近代创业精神。鉴于我国有着较为特殊的国情，所以近代史当中出现的创业精神始终与民族的崛起紧密相关。直至新中国成立，人们的创业精神才由于高度集中的计划经济体制的施行而受到抑制。再后来，伴随着改革开放政策的推行，人民的创业精神也得以重焕新生，人民的创业实践活动逐渐增多。其中苏南乡镇企业创业精神与大庆创业精神是在当时较有影响力的两大创业精神。到了20世纪80年代，我国的政治经济体制进入新旧交替阶段，艰苦奋斗和自力更生是这一时期创业精神的主要内涵，而针对创业精神的培育工作尚未得到应有的重视。联合国教科文组织在1998年召开的世界高等教育大会上提出了创业精神，并且为了解决当时的就业问题，联合国教科文组织还提出了“创业教育”这一概念。由此，人们开始将注意力转向具有现代意义的创业精神以及创业实践活动。

一、大学生创业精神培育的发展历程

艰苦创业精神始终贯穿于我国的历史发展进程中，因此可以说，中国传统文化便是创业精神的根基所在。作为高等院校创业教育工作重要组成部分的创业精神培育在当今创业教育发展过程中取得了越来越重要的地位。根据《21世纪的高等教育：展望与行动世界宣言》，未来学生除了要具备自己成功就业的能力，还需要注重锻炼与发展自身为社会创造工作岗位的能力；要增加创业精神培育在高校教育工作中的比重及重要性，注重对学生创业技能的训练和创业素质的培养，并将其纳入教育改革的重要工作任务中去。接着，联合国教科文组织向各所高校提出了强化创业精神基础地位的要求，并要求其注重提升学生的综合能力与素质。创业精神培育工作正是在这一国际环境的影响之下被纳入一个教育目标走进我国的高等教育领域的，其在我国先后经历了以下三个发展阶段。

（一）萌芽阶段：以创业活动激发创业精神

我国的社会主义市场经济体制在十四大会议召开之后开始推行。伴随着十四届三中全会的召开，我国的经济体制进一步改革，非公有制经济获得促进与发展，市场主体日趋多元。在非公有制经济获得发展的时代背景下，创业学开始走入人们的视野，渐渐从开始时的经济领域扩展到教育领域与文化领域。由此，大学生创业精神培育工作也开始伴随着创新创业活动的实践而展开，大学生创业精神始见萌芽。

我国高校大学生探索创业教育实践活动的序幕开启于20世纪末，全国首届大学生创业计划竞赛和首届“挑战杯”中国大学生创业计划竞赛分别于1998和1999年在清华大学举行，一股科技创业浪潮涌入大学生群体中。北京大学、中国人民大学等多所著名高校也纷纷参与其中。随后，由两项竞赛——“挑战杯”大学生创业计划大赛与“挑战杯全国大学生课外学术科技作品竞赛”合并而成的一项全国性竞赛“挑战杯”竞赛发展成为高校创新创业教育工作的评价标准。创业精神在该项竞赛的“崇尚科学、追求真知、勤奋学习、锐意创新、迎接挑战”的宗旨中很好地获得了体现，竞赛旨在鼓励大学生以创业精神作为自己职业生涯的精神向导。位于上海地区的复旦大学也积极参与到国际创业活动中去，并于1999年荣获亚洲MOOTCORPMBA创业计划竞赛的冠军。

在高校创新创业实践活动蓬勃发展的背景下，大学生的创业精神获得了很大程度的激发，这具体表现在有更多的高校和高校大学生参与到了该项活动中。由此，创业精神在教育领域也开始获得关注与重视。伴随着《中共中央国务院关于深化教育改革全面推进素质教育的决定》这一文件的出台，教育体制改革工作进一步深化，传统教育中以知识与成绩为重的观念得到改变，创业精神的培育与创业能力的培养工作开始获得重视。虽然这一时期有关大学生创业精神培育工作的研究并未取得丰厚成果，但是创业精神切实获得了良好的社会发展环境与中央政策的支持。

（二）导入阶段：以创业能力培养为重点带动创业精神

20世纪80年代末，受国际环境的影响，大学生创业教育开始进入我国的高等教育体系，并取得一定程度的发展。到了20世纪末，创业教育实践活动获得进一步的发展，直至21世纪其才被正式纳入高等教育体系，作为一项教育内容而存在。在步入21世纪后的首个十年，我国创业教育将工作重点置于大学生创业能力的培养，作为创业教育工作组成部分的创业精神始获关注。

以1999年由我国教育部颁布的《中共中央国务院关于深化教育改革全面推进素质教育的决定》为拐点，创业教育步入新一发展阶段，这一时期的创业教育工作主要在国家的宏观调控和指导下进行，工作的重点则是提升大学生的综合能力与素质。伴随着普通高等学校创业教育试点工作组织座谈会的召开，创业教育获得了在全国范围内开展试点工作的发展机会，针对创业问题的有阶段、分层次的探索工作正式展开。8所试点院校的最终确立建立在地区发展情况与高校具体实际情况相结合的基础上，试点院校均被要求将工作任务的重点置于具备创业精神与创业能力的人才的培养上。高等教育质量的评价标准至此也发生了改变，大学生的创业精神风貌与水平，以及其综合能力开始作为评价指标。南开大学商学院是全国范围内最早开始创业教育工作的一所院校，我国最早的公司治理研究中心也于1997年成立于此，随后，项目管理工程硕士（MPM）中心、高级管理人员培训中心、中小企业研究中心与创业管理研究中心相继成立，它们的工作任务都是专业领域范围的创业教育工作。2002年伴随着党的十六大召开，创业环境的改善以及政策服务的加强被提上工作日程，此外，会议提出高校要以大学生综合能力的培养作为教育工作的重点，以大学生创新创业能力的全面提升作为教育工作的一个目标。由此，各高校在联系自身实际情况的基础上开始了针对创业学与创业教育的探索活动。南开大学的探索成果表现在全覆盖式的创业教育课程专业的设立、“南开创业网”的创办以及旨在增进创新创业教育工作交流的学术交流平台的创设。2007年，我国颁布了《中华人民共和国就业促进法（草案）》，其中与创业内容相关的条款为创业实践活动的开展提供了法律保障。此外，多项与创业内容相关的优惠政策相继出台，如共青团中央建立了“青年就业创业见习基地”，为大学生提供实习岗位等。与此同时，创业实践活动在全国范围内的高校中开展得如火如荼。例如，2007年，中央财经大学举办了我国首届创业教育论坛。再比如，以“智创上海，源自校园”为主题的上海大学生创业周也于同年11月启幕。这些发生在高校中的创业实践正是为了贯彻“以创业带动就业”的国家决策，更为重要的是，大学生的创业精神与能力也从中获得了体现。

培养大学生的创业能力是该时期创业教育工作的重点所在，诚然，创业课程的开设与创业实践活动的开展有助于培养大学生的创业精神，但是终究未能取得突破性的成就与发展。

（三）全面发展：以创业精神指导创业教育的开展

2010年两会期间，温家宝总理明确提出要大力贯彻“以创业带动就业”的国家决策，全面提升大学生的创新创业能力。由于创业教育工作十多年间的不断探索，越来越多的大学生从传统的观念中获得解放，在勇于创新与勤于实践的创业精神指引下开创自己的新事业。由相关数据可知，我国以大学生综合能力培养为任务重点的创业教育工作于2010年始获成效。同年教育部创业教育指导委员会的成立则代表着我国创业教育快速发展时期的到来，创业精神也开始摆脱从前作为创业教育附属部分的身份而获得重视。

根据教育部于2012年下发的《普通本科学校创业教育教学基本要求（试行）》的通知，创业精神培育工作正式作为教育内容被纳入教育工作体系。这标志着创业精神的培育工作在我国发展平稳且势头良好。鼓励创业被首次纳入我国的就业政策中是在党的十八大会议上，会议鼓励就业渠道与途径多元化，鼓励大学生以勇于创新、勤于实践的创业精神和追求卓越、坚韧不拔的意志品质勇敢开创属于自己的事业，迎接自己未来的生活。会议重点提出了在创新创业人才的培养工作上要加大支持力度的要求，鼓励大学生摆脱传统就业观念的束缚，积极投身于创业的浪潮中去。这离不开高校创业精神培育工作的展开和对开拓大学生就业思维的鼓励。十八届三中全会进一步明确了学生创业精神树立的重要性，并从政策与资金两个方面对大学生创业施以了保障。李克强总理在 2014 年夏季举行的以“推动创新，创造价值”为主题的达沃斯论坛上明确指出，我国应当且正致力于营造的社会环境是具有开放性与包容性的，以及我国应当推进思想的解放工作，大力推动大众创业的发展。根据由国务院办公厅印发的《关于发展众创空间推进大众创新创业的指导意见》，应当加大对创业精神培育和创客文化的支持力度，为创业精神的培育工作提供适宜的发展环境与发展契机。

伴随着创业教育工作的不断深入，国家对创业精神培育工作的重视程度也有所提升，并从体制、政策以及服务三个方面为创业精神培育工作的展开提供了保障。从前作为创业教育附属部分的创业精神培育工作开始作为独立的个体获得人们的关注与重视，创业精神培养工作开始被视作高校的教育目标之一，创业精神对创业实践活动的开展有着很好的指导作用。

二、当代大学生创业精神培育的基本经验

虽然针对创业精神的培育工作在我国出现时间不长、发展程度较低，但创业教育在我国已有二十余载的发展历史，而创业精神的培育是创业教育工作中的重要组成部分，二者息息相关，因此后者工作实践中取得的经验也可以为前者所借鉴。

（一）国家重视大学生创业教育和创业精神培育

从 20 世纪末开始到目前，我国的创业教育工作一直都是由政府担任指导的，国家各个职能部门充分发挥其自身的工作职能，为创业实践活动的开展提供适宜的环境。这主要表现为：一是党中央和国务院一系列鼓励政策的出台，鼓励大学生参与创新创业的实践活动，并且将学生创业精神与能力的培育工作纳入教育改革目标，以使其取得高校的重视；二是召集全国专家参与创业教育工作会议，令其就具体创业工作的展开献计献策，以开展试点工作为手段来推动创业教育实践活动的发展，加快大学生就业观念的转变。2012 – 2014 年间，国家先后发布了《普通本科学校创业教育教学基本要求》《国家鼓励普通高校毕业生自主创业政策公告》等文件，在对创业教育的开展提出要求的同时，也为创业教育与实践活动的开展提供了政策支持。我国的教育方式是以国家的引导为主，即国家通过出台政策、法规，营造包容的社会市场环境等方式切实保障创业精神在我国的不断发展，引导大学生转变

就业观念，以创新精神开拓就业路径。

（二）高等学校重视和落实创业精神培育工作

各所高校注重创业教育工作以及大学生创业精神培育工作，结合自身实际情况，制定了与教育部政策相应的大学生创业教育规划，着重推进大学生创新创业工作，将其纳入学校的人才培养体系。以山东大学的“三创”思维模式——“培育创新意识、培养创造能力和锻造创业精神”为例，山东大学以其自身较完善的创新创业体系致力于激发学生们的创新创业激情和具有“创新意识、创造能力、创业精神”的创新型人才的培育。再如同济大学，其将大学生创新创业教育工作平台纳入学校教育体系，从而意在从树立大学生创业思维、培养大学生创业精神、提升大学生创业能力等方面开展人才培养工作。教育目标的设立为大学生创业精神培养工作的展开提供了指导，各所高校纷纷据此改革自身课程体系、设立创业工作相关平台，从而大大推动了创新创业教育工作在全国范围内的发展与普及。各高校结合校情，将创业教育工作作为自身教育改革的重点所在，在学生群体中开展创新创业教育，并确立了相关工作机制体制，以创业实践促进创业精神的进一步发展，从而奠定了建设大学生创业精神培育体系的基础。

高校以创业精神培养为教育目标，彻底将大学生创业教育纳入自身教学体系并进行教学设计。高校通过设置创业课程，组织和举办各类创业实践活动，如创新竞赛、专题讲座、主题文化节等来促进大学生创业精神与能力的提升。此外，高校还通过改革现有课程体制，充分整合校内与校外各种资源为大学生提供创业实践基地。以北京航空航天大学为例，该校构建了以“对创业素质全覆盖、对各个专业全覆盖、对所有年级全覆盖、对校内校外全覆盖”为主要内容的人才培养模式，使多名学生从中受益。再比如上海交通大学，其创业教育工作以“面上覆盖”和“点上突破”为原则，以“创业学院”为平台向全体在校大学生提供创业教育与培训，着力于培养大学生的创业精神与品格。除了开设创业通识教育课，上海交通大学还面向重点群体展开了有针对性的辅导与资金支持等方面的工作。

第三节　当代大学生创业精神培育存在的问题及原因

新时期推动我国改革和发展的两个主要精神分别为以爱国主义为核心的民族精神与以改革创新为核心的时代精神。大学生群体的普遍特点：处于身体成熟与心理半成熟的状态；富于梦想与激情，但缺少风险担当；富有创新思维与能力，但缺少坚韧意志创新与实践。此外，虽然忽视精神价值的现象普遍存在于当代大学生群体之中，但该群体创业精神现状的主要方面还是乐观的。

《大学生创业调查报告》中的数据显示：有创业打算的受访者占了49.1%，而对创业表示“感兴趣”的受访者占比更是高达81.5%。有志或有兴趣于新事业的开创是人富有创业精神的表现。此外，大学生积极于规划自己的职业生涯及参与创业实践活动，显示出了其摆脱传统就业观的趋势。根据2014年的大学生就业质量报告，近三年我国大学毕业生自主创业比例从2011年的1.6%上升到2013年的2.3%，呈现逐年升高的趋势。

我国的创业教育与大学生创业精神培育工作自开展以来，至今已取得了一定的成果。首先，国家和教育部门重视，为创业相关工作提供了政策、资金等方面的支持；其次，各所高校纷纷积极参与其中，改革和完善自身现有体制机制；最后，大学生方面也表现出了高度的创业热情，树立创新创业观念，积极培养自身创业精神并投身于创业实践活动。不过，虽然创业教育与大学生创业精神培育工作的开展总体上都呈现出了良好态势，但其仍有待进一步加强以适应我国当前的社会政治经济环境。

一、当代大学生创业精神培育存在的问题

就当前情况来看，我国大部分高校对大学生创业精神的培育工作尚未给予应有的重视，还未将创业精神作为大学生在大学阶段应当具备的意识、行为特征。此外，在当前的大学生创业教育研究工作中存在重创业能力培育、轻创业精神培养的问题，忽视研究对象的主体性与个性，培养工作的内容和目标欠明确，路径则有待于进一步的系统化。总体而言，我国现有的创业教育和创业精神培育体系仍相对落后，难以满足社会发展需求及创业者的个体需求。

（一）高校对创业精神培育工作落实程度参差不齐

虽然我国的创业教育与创业精神培育工作起步较晚，但发展至今也已取得了一定的成效，如自2002年以来，中国人民大学等多所高校改革完善自身教学体系，将创业教育与创业精神培育工作纳入重点，无论是在机制体制方面，还是课程设置、教育活动组织方面，都取得了显著成效，为大学生创新创业意识的不断增强与创新能力的不断提升提供了良好的教育环境。再比如山东大学，其注重创新创业文化的培育并致力于建设以科技学术为中心的校园文化，1999至2013年间共开展创新创业大事31项。再以上海交通大学为例，该大学努力“使创新成为凝结在交大学子血液中的一种精神，使创业成为交

大学子生命中的一种力量的迸发”。

但最近的一份调查问卷显示：希望进入体制内工作的受访青年占比竟达25%。之所以会出现这种现象，首要原因在于不少青年认为，体制能够为其提供一个“铁饭碗”。另外，将“稳定”“亲朋好友建议考，同学都考”“就业难，找不到更好工作”作为考虑因素的青年占比分别为71.1%、39.4%和38.3%，这些数据反映出青年普遍存在着求稳怕输、盲目从众及缺乏创新精神的心理状态。同济大学、复旦大学的学生参与了本次调查问卷活动，他们中的公务员报考率仅有11%和16%，而高校的平均值为25%，前者远低于后者。另曾有调查显示，央企、外企及港澳台资与合资企业、民营企业、国企四种单位形式最受我国“211”高校毕业生的关注，其占比分别为24.6%、18.2%、16.5%及14.7%。继而将这几种单位形式进行横向比较可以看出，民营企业和科研机构更受“211”高校毕业生的欢迎。根据高校的就业质量报告，“211”大学在创新创业方面与其他类型高校的差距较大，创新创业教育发展呈现出一种非平衡态势，我国的创业精神培育工作仍有待加强。

2014年的中国大学生就业质量报告表明，创业理想是2013届大学毕业生自主创业的最主要动力，由此可见，提升大学生创新创业的有效途径在于培养大学生的创业精神。

（二）高等院校创业教育缺乏制度化体系

当前存在的一大问题是创业教育和大学生创业精神培育还没有被正式纳为教学内容。由于创业相关科研力量的不足，现有的相关文献数量极少，这就导致了创业教育和大学生创业精神培育的展开缺乏必要的理论基础，从而导致其难以上升为理论学科。根据现有的文献，我国创业精神培育工作的进展状况与发展趋势均不容乐观。在全面深化改革的时代背景下，创业精神可以支撑和引导我国向创新型国家发展和转变。现行教育体制下的大学生其知识结构呈现专业性强的特征，这与创新创业实践所需的综合性素质相矛盾，不利于创新创业实践的顺利展开。高校开展大学生创新创业教育需要以改革当前教学体制与学生培养模式为基础，而改革工作的进行需要以创业精神作为支撑。当前的课程教学内容局限性较强，多为综合类基础课程，课程所用教材也欠缺专业性与系统性；教师表现出重知识轻能力的授课倾向；创业教育的师资力量缺乏且现有创业教师缺乏饱满的工作积极性与良好的专业化水平。总而言之，在创业精神培育工作的体系化、规范化及学科化建设方面，我国仍任重而道远。

培育大学生创业精神的一条有效途径便是组织其参与创业实践活动，许多高校致力于组织科技竞赛、搭建创业平台等，在激发大学生的创业激情的同时，夯实其创业理论基础知识，提高其创业实践能力。《大学生创业调研报告》显示，缺少创业辅导或创业大赛参加经历的受访者占比高达 88.9%。由此可见，虽然高校开始给予创新创业实践活动以一定程度的重视，但还有待进一步的发展与普及。总体来说，我国的高等教育创业精神培育与创新创业教育工作在科学研究、教育内容及路径等方面尚需进一步的发展，以形成系统化、制度化的创业培育体系。

另外，我国创业精神培育的保障条件仍存有诸多不足，2014 年的全国大学生就业质量报告表明，大学毕业生自主创业所用资金的基本来源主要有三个：第一是父母或亲友的投资，第二是个人储蓄，第三是借贷。而商业性风险投资与政府资助的占比不足 2%。这也就说明了我国在政策的落实方面还需加大工作力度。

二、当代大学生创业精神培育存在问题的原因

（一）我国政治经济体制束缚创业精神培育工作

"重农抑商"的思想在我国的民众思想中可谓根深蒂固。新中国成立以后，由于计划经济体制的长期实行，人们形成了怯于冒险、求稳怕输的心态。伴随着改革开放的到来，社会主义市场经济体制开始实行。在社会经济体制处于转型阶段的时代背景下，人们的思维方式和思想观念产生了重大变化，社会对自主创业这一就业形式的包容与支持程度越来越高。除此之外，为了推动创业精神培育工作的平稳发展，国家出台了相关的鼓励政策。就当前情况来看，我国的政治与经济体制改革发展并不同步，前者滞后于后者，这一现状不仅不利于社会主义市场经济的发展，而且也阻碍了创业精神及其培育工作的顺利开展。不断深化的政治经济体制改革与不断释放的国家制度红利则为创业精神的发展与创业精神的培育工作提供了有利条件。

（二）传统观念根深蒂固禁锢创业精神发展

古代中国是一个封建传统国家，虽然并不缺少创业精神，但儒家传统文化对人民思想的影响极深，这就导致求稳心态的根深蒂固。对于大学生创业精神落实工作而言，家庭因素比国家社会因素发挥了更加重要的作用。根据《大学生创业调研报告》中的数据，受访者创业想法受家庭方面影响的占比高达 30%，而受朋友与传媒方面影响的分别占 24.2% 和 21%。这充分说明了家庭在大学生创业精神培育方面所发挥的重要作用。众多的中国家长受传统观念的影响，强烈偏好于稳定、安逸的工作环境，这就不仅阻碍了大学生创

新精神和坚韧意志品质的养成，而且对高校创新创业教育工作的开展也极为不利。我国传统的教育理念和体制也束缚了高等教育阶段中创业教育与创业精神培育工作的顺利开展。政治、经济、教育等方面的体制机制不仅影响着人们对创业教育和创业精神培育工作的认识，而且对创业教育和创业精神培育工作的未来而言更是起着决定性的作用。

（三）高等教育资源有限、分配不均

创业精神的培育需要经历一个漫长的过程，这是一个系统化的工程。创新创业教育涉及众多学科领域，如经济、管理和心理学等，因此其顺利开展需要多学科领域专家学者的共同参与。此外，创新创业教育也离不开创业实践活动的开展与国家政策、资金等的支持。我国当前创业教育和创业精神培育工作中存在的问题是相关的人力、物力和财力都较为有限，阻碍了创业教育的学科化发展。尽管我国的部分高校积极开展创业教育和创业精神培育工作且高度重视创新创业研究工作，但是碍于优势资源有限而导致创业教育和创业精神培育工作难以顺利开展。

我国当前正处于经济转型阶段，这一时代背景为大学生创业提供了无限可能。具体来说，无论是经济产业结构的升级还是发展方式的转变，都为大学生创业精神的培育和大学生多渠道就业创业的实现提供了支持。虽然国家出台的政策法规有利于大学生创业精神培育工作的顺利展开，但一个宜于创业的社会环境的最终形成终归需要时间的积淀。培养具有创业精神与创业能力的创业创新型人才是高等教育工作的一项重要内容、一个重大目标，高校应勇担其责，致力于高等教育跨越式发展的实现。

第四节　国外大学生创业精神培育的经验及启示

一、国外创业精神培育的实践经验

在西方发达国家，如美国、英国等创业精神无处不在，其早已作为一种生活态度与方式渗透于人们的生产与生活。这些国家的教育系统都致力于大学生创业意识的树立与创业能力的提高，以此来激发学生的创业热情，培育学生的创业精神。在欧美等发达国家，创业教育有着悠久的发展历史，至今已取得相当显著的成绩。

（一）美国：以冒险精神为核心的创业精神

冒险精神是美国创业精神的核心所在，其创业精神培育工作开始的标志

性事件就是20世纪40年代哈佛大学开设了创业精神的课程，而完整的创业教育培育体系早在20世纪60年代初就已建立。美国的创业学教育研究开始于60年代后期，及至80年代，伴随着知识经济时代的到来，高校创业教育工作与大学生的创业活动都日渐活跃起来。鼓励青年创业的传统在美国由来已久。在美国，青年创业精神的培育工作有着坚实的社会环境、体系制度及资金等方面的基础。

创业教育在美国已被正式纳入其教育体系之中，且从小学起一直延续到研究生阶段。其中，大学阶段的创业教育模式是体验式的，其课程结构则采用的是分层次模块化结构。大学阶段的课程设置完全是以教学对象的需求为依据的，学生在基础学习阶段必须参与创业教育的通用模块，然后再根据不同学生的情况与需求对其进行分类指导。此外，大学还制定了相应的评估原则、类型及方法。美国创业精神的发展在很大程度上得益于这种极具个性化的教育模式。另外，美国的社会组织，如美国创业基金机构、企业等也会以赞助的形式为创业教育师生组织的活动提供资金、实习机会等方面的支持。美国的很多大学生正是由于受到了开放社会环境与教育模式的鼓励，凭借着"专注于所长"的精神而选择了自主创业。

（二）英国：以政府为主导的创业精神培育工作

英国的创业精神已经融入了人们的生活方式与状态当中，创业精神也因而得以在学生观察世界的过程中提供不同的视角。英国政府提出了"青年创业计划"，其对创业精神培育工作的重视主要体现在商业课程设置和创业中心的成立上。英国政府一方面要求学校方面从中学起就要设置商业课程，一方面要求所有12～18岁的中学生于2005年开始都必须参加为期两周的商业培训课程。除此之外，英国政府还实施了创业技能计划并创立了科学创业中心，同时启动重要项目，大大推动了大学生创业精神培育工作的向前发展。其中，创业中心从设立资金到机构管理以及创业教育的实施工作均由政府负责。该中心创立的初衷是将创业精神融入大学的传统教育当中。

注重创业教育是英国高校中普遍存在的现象，高校认为自身对培养大学生创业精神与能力负有责任。数据显示，在英国，开展大学生创业教育的高校占比高达96%，比如英国诺丁汉特伦特大学的学术开发和研究常务副校长琼斯（Peter Jones）认为："培养大学生的创业精神，这是大学的责任。"该校设有商业孵化器，140名大学生的创业项目在当地企业家的支持下落地。学校并不提倡为大学生直接提供创业资金，而是主张让大学生在创业过程中进行自我探索，该校这样做的意义在于促进大学生创业主体意识的树立和创业精神的培养。此外，英国的高校还注重与其他国家的相关机构展开创业教育合作。

（三）日本：以危机为契机的船业精神培育工作

很大程度上我们可以说，注重创新创业精神与能力的培养是促成日本摆脱危机，跃居世界经济大国行列的原因所在。早在20世纪末，日本就已推行从小学开始实施就业和创业教育，并以高等院校作为创业培育工作主阵地的国家教育政策。自此，在国家政策的指引下，各类创新创业竞赛蓬勃开展，教育系统从中提炼经验并将这些经验融入高校创业教育工作中去。日本的创业教育课程是学生的必修课，课程的设置以众多公司的能力框架为依据，从而较好地实现了产学融合。另外，日本提倡体验式教学，注重过程教育。家庭能够为孩子提供创业精神培育的启蒙教育，因此日本也很注重家庭教育对于孩子自主意识培养的重要作用。此外，日本的大学中还普遍设有创业支援机构及大学风险企业计划，这些不仅为日本摆脱经济危机提供了有力的支持，而且极大地推动了创业精神和创业能力培育工作的开展。

（四）印度：从问题出发的"自我就业教育"

印度与我国同属发展中的人口大国之列，因而在创业精神培育与大学生创业教育工作方面也存在很多鲜明特点。印度"国家科技创业人才开发委员会"成立于1982年，以此作为科技创业人才开发计划全面实施工作的起点，自此大学生创业精神培育工作跃居重要位置。印度"自我就业教育"的概念提出于20世纪90年代，同样是注重对大学生创业精神的培育工作，并鼓励大学生积极投身于创业实践。印度围绕着问题展开他们的大学生创业精神培育工作，通过课堂教学实施素质教育，突出学生的主体性与教师的主导性。同时，印度十分注重课堂教材的选用——都是直接采用国外的原版教材，创业课堂教学内容也十分全面。此外，学校中各类创业社会、组织和活动层出不穷，为学生创业精神的加强与创业实践能力的提升创造了条件。印度的软件行业十分发达，自主研发能力也十分强大，这些都与其注重对创新精神与能力的培养有着密不可分的关系。此外，无论是在竞争的激烈程度还是流通于市场的原创品牌数量方面，世界上的其他国家都难以与印度相提并论。

此外，国外一些基于本国政治经济实力与社会背景展开的创业精神培育工作（如德国的"模拟公司"、瑞典注重实践教学的创业教育等）经验，对于我国的创业精神培育工作而言同样具有借鉴意义。

二、国外大学生创业精神培育的启示

创业教育在西方的发达国家当中具有相当悠久的历史。此外，无论是西方的政治经济环境还是其社会条件，都有助于大学生创业精神的形成。西方高校鼓励大学生培养和形成创业精神，并倾力为其营造有利于创业精神形成的校园氛围，这主要表现为创业相关课程的设置、优良创业师资队伍的配备及创业平台的创建。西方的创业精神培育工作之所以能够取得良好的效果并得以积累丰富且宝贵的创业经验，离不开全体社会成员的共同努力。他们的成功对我国而言，也有着很好的借鉴作用及启示意义。

（一）教育系统重视学生创业精神培育工作

改革创新是当今时代精神的核心，因而创业精神是时代精神中不可分割的重要部分。我们也可以说，时代精神在大学生群体中的体现便是创业精神。为了促进我国素质教育的发展，推动经济结构的调整以及进一步推动我国的经济体制改革，我们应鼓励大学生创业精神的培养和形成，以培养更多优秀创新创业型的高水平人才为教育目标，并不断促进科研成果向社会生产力的转化。因此，我国教育系统应加快教育理念的更新，并提高对高校大学生创业精神培育工作的重视程度。美国的莱斯特瑟罗就曾指出，美国对于创业精神和创新创业型人才培养工作的重视是美国的经济发展实力及科研能力之所以能够一直处于世界领先水平的关键原因所在。作为创业精神培育工作开展的主要阵地，高校应将大学生创业精神及能力的培养作为教育目标，制定思想教育和专业教育相融合的教学质量评估标准以及相关的人才培养方案。与此同时，高校还应在创业精神培育工作的宣传工作上下功夫，以促进校园中创业教育氛围的形成，提升全体师生对该项工作的重视程度。

（二）高校建立健全创业教育和创业支持服务体系

欧美等发达国家不仅早已将创业教育纳入了教育体系，还逐步建立起了完整的教学研究及教育实践体系，即在中学和大学中都构建了正规的创业教育体系，这十分有利于青年学生创业精神的形成及不断提升。

一方面，就教育模式而言，美国所采取的教育模式是“学分制”模式与体验式模式。具体来说就是学校以在校学生的情况为标准设置课程并对其进行分类，从而实现对学生的分类指导。除此之外，美国的企业及其他社会组织也积极主动地为大学生创业提供资金、实习机会等方面的支持，这也极大地推动了美国创业教育的发展。新加坡则实行文凭式的创业教育，在新加坡，创业教育被视作专业教育，高校会把应届毕业生及有志于创业的其他在校生作为招收对象。印度素质教育工作的展开则以解决就业问题为中心，旨在促进大学生综合素质及就业、创业能力的提升。

另一方面，就高校的课程设置及教育内容来说，欧美国家中有众多大学致力于创业学博士的培养，并设有创业学首席教授，这些都足够说明欧美国家及高校对创业学研究工作的重视。与此同时，欧美国家中的高校在教育的推行过程中，十分重视对大学生想象力和创新性思维的培养以及对其创造能力的塑造。日本之所以能够以其高新技术产业而跃居世界经济大国之列，其中一个极具重要性的原因便是国家对青年学生创业精神培养工作的高度重视，并在全国范围内开展青年学生的创造力开发教育。欧美各国则通过严格创业教育教师的选拔制度及加大对其的培养力度的方式来促进本国创业教育质量的提升。一般来说，创业教育的教师大多具有丰富的创业实践经验，他们或有过亲身创业的经历，或有着多年的企业管理经验。

发达国家创业精神的培育工作之所以能够取得如此突出的成就，离不开高校完善创业支持服务体系的支持。发达国家中的创业教育机构特色鲜明，它们专注于创业教学工作，提供专业化的咨询，致力于创业相关知识和技术向社会生产力的转化并且具有专项资金的支持。成立于 1978 年的柏森商学院创业研究中心就是很好的一个例子，它的工作重点在于研究创业教育、研发创业课程以及建设创业师资队伍。除了创业支持服务体系的支持外，大学生创业精神培育和创业能力培养工作的顺利开展也离不开多种创业计划大赛的组织和举办，以及开放、创新校园环境的建设。

有关调查数据表明，由于对创业教育工作重要性的认识较迟，因此我国的创业教育工作开展得也较晚，这导致我国的创业教育与欧美发达国家存在着较大的差距。为了使当代青年学生适应当前经济时代发展的需求，改革现有教育体制，建立并健全高校大学生创业教育体系势在必行。

（三）全民参与的创业行动

高校大学生创业精神培育工作受多种内外因素的共同影响，其中既包括高校自身内部的教育管理工作这一影响因素，也包括来自政府、社会、家庭以及学生自身等多种外部影响。我国通过出台优惠政策、提供专项资金、完善创业保障体系等方式在全国范围内鼓励创业。比如国家成立了专门管理创业相关工作的机构，以加强高校和在校学生与校外社会组织之间的联系。此外，我国还应注重高校的创业文化建设工作。再比如，以美国“卡迪拉克计划”为例，该项计划是由美国政府、高校、企业及一些非营利机构共同开展的，涉及 700 多所院校，大学生参与人数高达 25 万名。该项计划主要是通过向大学生提供在机构中定期实习的机会，从而使其在学校课堂中所掌握的创业相关知识理论能够得到应用。政府通过创业制度的建立健全为大学生创业精神的培育提供保障性条件，与此同时，家庭、企业及其他社会组织也共同致力于宽松社会环境的打造，以此为创业精神的培育工作提供支持。所谓宽松的社会环境，即指社会对创业失败的宽容程度高，这对增强大学生参与创业实践活动的意愿十分有利。

第五节　当代大学生创业精神培育的优化策略

高校开展创业精神培育工作旨在培养大学生的创业精神，引导其树立创业意识，鼓励其用创新精神去面对未来的生活与工作，而非意在要求每个学生都能够创办新的企业。由于我国的创业精神培育工作起步较晚，因而与世界发达国家的水平相比仍存在较大差距，作为人才培养工作开展主要场所的高等学校肩负着缩小这一差距与实现赶超的双重责任。高校培养大学生创业精神主要通过开展创新创业教育工作等方式。作为创业教育组成部分的创业精神培育工作对于前者的发展也起着智力支撑与精神保障的重要作用。高校应当明确大学生创业精神培育的工作目标、工作内容及工作方法，使创业精神培育的途径更趋完善，与此同时，还要推动支持服务体系的建立和健全。

一、国家层面：完善支持服务体系弘扬创业精神

在我国现行体制下，要完成“大众创业、万众创新”的目标需要以全体社会成员的参与为支撑。国家全面推进政治经济体制改革工作的不断深入，大力宣传创业精神，这就为创业精神培育工作的展开提供了基础；创业精神和创业教育工作受到国家的重视，这是创业精神培育工作能够取得发展的前提。除此之外，国家还要致力于创业精神培育支持服务体系的建立和健全，为高校创业教育实践活动的展开提供支持，这将在大学生创业精神培育工作展开过程中发挥关键性作用。因此，我国需要从国家层面上对创业教育工作给予重视与政策支持，为大学生创业精神培育工作的顺利开展保驾护航。

（一）完善政策服务体系

首先，国家对创业精神培育工作的重视要适度，在完善中国特色社会主义制度、推进我国治理体系与能力向前发展的过程中，国家必须坚定不移地弘扬创业精神；在社会主义核心价值观的培养过程中，也要坚持秉承创业精神。国家也应当具备敢为人先、勤于实践的创业精神，以宝贵而优秀的创业精神来面对和解决国家深化改革过程中所遇到的困境与难题，不断积累实践经验。

创业精神培育工作的开展要以问题为核心，当前国家出台的相关鼓励政

策措施较少涉及教育以外的领域，尤其是工商税务和银行信贷这两个领域。当前各级政府机关根据国家政策所制定的规定仍有待精细化，此外跟踪落实工作也需要进一步的强化。国家需要加强针对大学生创业实践活动的调查研究工作，以此来了解大学生在创业实践过程中所遇到的问题与困难，并出台鼓励和优惠政策措施、完善创业相关的规章制度。除此以外，国家还需在政策的执行过程中加强监管、加大简政放权的力度，以此为大学生创业实践活动提供良好的社会市场环境。

国家党政机关的相关部门鼓励大学生在创业实践活动过程中培育和不断强化其创业精神，共青团和中宣部应当充分发挥好它们在高校创新创业精神培育工作中的主导及宣传导向作用，并不断加强自身与教育部、科技部等国家机关之间的协作关系。在地方政府方面，各级政府机关应以国家政策精神为根本，结合本地区经济发展客观实际出台相应的规定细则，并设立创业相关工作的管理部门，积极动员和组织企业及其他社会组织等参与到创新创业实践活动中来，以强化创业教育与培训工作的社会层面支持。

（二）建构社会信用体系

作为社会主义市场经济体制、社会治理体制重要组成部分和完善社会主义市场经济体制、改革强化社会治理重要手段的社会信用体系，在推动社会不断发展、促进文明不断进步方面发挥着举足轻重的作用。就我国当前的社会信用体系建设情况来看，其与我国社会经济发展水平之间存在着突出的矛盾，这极不利于大学生创业精神的培养与创新创业实践活动的顺利开展。社会信用体系的建立和健全对于社会主义市场经济的健康运行具有保障性作用，能够为大学生创业实践活动的顺利开展提供稳健的社会市场环境。首先，就制度层面而言，国家应当建立与个人及企业信用档案有关的政策和法规。其次，国家应当推进社会信用网站和个体及企业信用记录数据库的建立，建立并健全社会信用等级评定制度。最后，国家应当制定法律法规以加强对社会信用的管理。

（三）完善社会组织体系

社会力量无论是在高校大学生创新创业实践活动的顺利开展方面，还是在创新方案向社会生产力转化的实现方面都发挥着不可或缺的作用，因而，完善社会组织建设势在必行。具体的措施如下。首先，大力推动服务平台建设。国家需要注重创业相关社会组织及网络平台的建设及管理工作，并加大对创业相关机构的财政支持力度，致力于互联网政务服务环境的优化。国家以服务平台为桥梁，在为大学生提供技术、知识信息等服务及跟踪式扶持的同时，也能够及时掌握并反映大学生创业过程中的需求，从而推动组织建设工作的进一步发展。其次，注重枢纽型组织的建设。所谓枢纽型组织，即在高校大学生创业教育、社会基金服务及企业资金技术支持等方面发挥纽带作用的组织。国家应当充分发挥该类组织的作用，推动社会力量的凝聚，实现组织结构的优化，不断提升高校创业服务平台的专业水平及其在社会中的公信力，通过提高社会资源的有效利用率改善经济效益。最后，国家需提供财政支持，为高校大学生创新创业实践活动设立专门的创业基金。

除此之外，国家还要坚持不懈地贯彻落实十八届四中全会的精神，完善创业相关的法律法规，加强创业教育体系内部的管理工作，严厉打击违法违规行为，从而为高校创业精神培育工作的顺利开展提供良好有序的社会市场环境。

二、社会层面：营造大众创业的社会舆论环境

宽松且经济秩序良好的社会环境是高校大学生创业精神培育工作得以平稳推进的土壤，然而就当前情况来看，无论是还处在发展中的社会主义市场经济环境，还是受传统观念影响的社会舆论环境和家庭环境，都对大学生创业精神的发展起到了一定程度的抑制、阻碍作用。因此，营造创新的社会环境势在必行。

（一）开放的经济环境

一个国家或地区的整体经济状况即为其经济环境，它不仅包括经济发展水平和社会经济结构，还包括劳动力情况、经济体制与宏观经济政策等。虽然我国的创新创业活动在社会主义市场经济体制的背景下取得了显著成绩，但是各种不法现象，如地方保护、行业垄断等的出现严重阻碍了创业精神和创新创业活动的平稳发展。国家应致力于经济体制改革工作，协调好国家和市场在经济调控上的关系，不断健全市场经济体系，进一步消除政府在工作中的越位及缺位现象。创业精神的培育工作需要相对开放的、竞争自由的市场经济环境，这不仅有利于鼓励大学生积极投身于创新创业实践，弘扬创新精神，而且对于打破行业垄断、实现公平竞争也发挥着积极的作用。全面深化改革工作的进一步发展离不开创业精神的指引。此外，为了能够为创新创业的主体解除后顾之忧，国家还应更加致力于社会保障体制、金融体制和企业所得税的改革工作。

（二）兼容并包的思想舆论环境

鼓励创业的优良传统始于先秦时期，因此可以说创业精神在我国有着悠

久的历史。然而，传统文化中的“中庸”思想却在一定程度上对敢于冒险的创新精神起到了抑制作用。建国初期，人们的思维方式与行为习惯深受当时高度集中的政治经济体制影响，将体制内工作视作“铁饭碗”的就业思想至今仍普遍存在于人民群众当中。以上这些来自传统文化的思想极不利于创业精神的发扬，这就意味着要想建构中国特色社会主义创业精神，必须加强对创业精神的宣传，大力弘扬创业精神。具体来说，我们可以利用传播媒介，如电视和网络等在全社会范围内大力倡导创业精神，以此来鼓励创新创业的实践活动。另外，还要努力营造宽容创业挫折的社会环境，以此鼓励民众勇于参与创业实践，充分释放自身的创造能量并取得创新成果。

（三）创业型家庭环境

一个人的家庭环境对其个人的成长和成才而言有着不容忽视的影响，家庭是孩子接受启蒙教育的场所，家长的言行、思维方式以及其对孩子的教育方式都对孩子成长过程中人格的塑造起着重大作用。因此我们也可以说，创业型的家庭环境可以为大学生创新创业实践活动的开展奠定基础。一方面，家庭环境对一个孩子的创新创业基本理念与人格特征具有塑造作用，因而在创新创业活动的顺利开展方面发挥着关键性作用；另一方面，家庭的精神支持程度对大学生创业精神的落实程度起着决定性作用。因此，营造创业型家庭环境具有十分重大的意义。家长应当克服掉以前过强的回报心理，多尊重孩子的自主选择权利，重视孩子的全面发展。家长在教育孩子的过程中要注意采用科学的教育方法。比如，学会倾听孩子的真实心声，与孩子形成平等的亲子关系；又比如，面对孩子时注意保持良好的心态和客观的期望值；再比如，要学会对孩子宽容并对其持以欣赏的态度，鼓励其创新精神。家长应树立科学的教育理念，实施科学的教育方法，努力营造和谐的家庭氛围，鼓励孩子坚持学习勤于实的创新精神和知难而进、坚韧不拔的创业意志。

三、学校层面：建立健全大学生创业精神培育体系

大学生创业精神的形成与创业能力的提升，以及鼓励大学生以创业精神面对新问题、以创业能力打开新局面的创业教育目标的实现，都离不开创业精神培育工作管理的系统化与规范化，以及高校体制机制的不断改革与完善。由于体制建设和改革所具有的长期性、稳定性以及根本性特征，高校的教育体制改革创新对其他改革创新具有极其重要的保障性作用。为了能够适应我国社会主义市场经济的发展需求，高校应当积极推动教育体制机制改革创新，进一步解放创业理念以推动创业实践活动的不断发展，从而使创业精神更加

符合时代发展的需求。高校可以通过教学科研体系、组织体系及支持服务体系的不断完善打造宽松的创业环境并致力于创新创业体系的构建。

（一）明确大学生创业精神培育目标和内容

高校创业精神培育的工作内容及工作目标主要是高校通过教育、培养等方式使大学生树立正确的创业观念，培养优良的创业品质，并在教育实施过程中不断激发其创业热情，从而使他们的创业能力能够获得不断地提升，进而在实现自我价值的同时为社会创造新的价值。全面提升大学生的综合素质是高校大学生创业精神培育工作的出发点。高校通过向大学生传授创业知识、组织带领其参与团体实践活动、对其进行个别指导等方式，致力于大学生敢为人先的创新精神、勤于实践的实干精神、追求卓越的学习精神以及知难而进的坚定信念的培养与形成。高校从大学生知识结构的优化及其实践能力的提升两方面入手，着意于面向未来的高水平创新创业人才的培养。

按照大学生创业精神培育工作的目标，高校对大学生的教育和引导工作可以围绕如下四个方面展开。

1. 引导大学生形成正确的就业与创业观念

高校可以通过创业相关宣传活动的组织与开展在全校范围内形成一种创业氛围，使创业观念进入师生的头脑，对创业精神培育工作形成客观而又全面的认识：所谓创业，并非仅仅特指企业的创办，个人能够在工作岗位上创造新的价值也可称为创业；而开展创业教育工作的目的也并不在于向每位学生提出自主创业的要求，而是意在帮助其形成创业的观念与精神，使之具有企业家思维。就高校教师而言，其要改变传统的人才与教学观念，注重针对大学生展开的创业精神培育工作，其工作职责不仅在于知识的教授，还在于对大学生能力的培养。高校教师应引导大学生形成正确的学习观，促使他们更扎实地掌握课本中的理论知识，懂得并擅长学以致用，在实践中学习，不断完善与更新理论知识，积累丰富的社会实践经验。与此同时，教师还要引导大学生树立多元化的就业观念，使他们形成创业意识，具备追求卓越、敢为人先的创业精神。

2. 注重大学生健全人格的培育

人格是每个个体将自身区别于他人的部分，既包括稳定的人格心理特征，也包括人格倾向。一个人的人格特征不仅在其心理是否健康和其能否取得成就两个方面起着决定性的作用，而且对一个人的价值观念也有着决定性的意义。重视大学生健全人格的培养不仅符合大学生个体全面发展的需要，而且也是当今时代发展的要求。因为健全的人格是大学生个体得以开展创业实践活动的前提，所以被视作大学生创业精神培育工作的重点内容。就大学生而言，健全的人格主要有以下几种表现形式：第一，既能够悦纳自己，也能够容纳他人；第二，具有和谐的人际关系；第三，具有自尊及独立的品质；第四，能够挖掘并充分发挥自身的潜能及优势。大学生创业精神培育工作离不开对大学生人格的培育，而人格培育的重点在于创造型人格的培养。创造型人格是人格类型的一种，主要特点在于具备创造性的精神与智慧，其在创新创业活动的开展过程中发挥着重要作用。就其本质而言，培养大学生的创造型人格指的就是对其创新思维与能力的培养。

3. 注重大学生创业知识结构的优化

创新创业活动得以开展的前提在于充足知识储备的具备。大学生创业精神的培育离不开大学生创业型知识结构的具备，且大学生还应做到与时俱进，不断优化自己的知识结构。一方面，高校要注重思想政治理论课教学效果的进一步提升。这是因为大学生创业离不开先进理论与思维方式的武装与指导。另一方面，大学生要提升自身的学习与适应能力。这是因为创新创业活动的顺利进行不仅需要有扎实的专业知识作为基础，还需要以综合性的知识体系作为支撑，且伴随着创业实践活动的不断发展与深入，大学生应当及时地更新、适时地优化自己的知识结构。

4. 注重大学生创业能力的提升

高校开展大学生创业精神培育工作的目的就在于加强对学生的引导，鼓励其凭借创业精神去开创自己的事业，而践行创业精神就需要大学生具备基本的创业能力。大学生应当具备的能力包括以下三种。第一，学习能力。所谓学习能力，具体是指接收、转化以及应用知识和信息的能力，而大学生所应具备的学习能力还包括终身学习观念的树立、良好学习习惯的具备等。第二，社会交往能力。该能力指的是个体在同他人的交往过程中所运用的人际交往技巧。社会交往能力不仅包括沟通协调能力和社会活动能力，它还包括亲和力等。第三，创新能力。对于创业活动而言，创新能力可谓是最重要的一项能力，它主要是指大学生在创业实践活动的参与过程中，能够创造性地提出、分析并解决问题的能力。大学生具备该能力的主要表现在于其具备创新的意识、思维与能力。创新的过程便是不断探索的过程，因此困难和挫折在所难免，这就要求学生应注重提升自身的逆商与心理抗挫折能力。

（二）坚持大学生创业精神培育的基本原则

1. 普及化原则

作为时代精神的一个重要组成部分，创业精神在我国特色社会主义文化建设尤其是文化创新方面发挥着举足轻重的作用，要想建设创新型大学并实现高等教育的可持续发展需要在高等教育阶段进行创业精神培育工作。此外，高校创业精神培育工作对于大学生的全面发展及其个人价值的实现也十分有利。创业精神培育的工作目标并非让每个大学生都能够创办属于自己的企业，这项工作的开展旨在培养大学生的创业精神并引导他们能够以该精神去面对未来的生活。由此可见创业精神培育工作对于大学生的职业及人生发展而言的重要性，因而其应当被当作正规教育体系的一个组成部分始终贯穿于高等教育阶段，在学生群体中普及创业相关理论知识，将和创业有关的专业课程与通识教育相融合，积极组织举办创新创业实践活动以培养大学生的创业精神，激发其创业热情。

2. 专业化原则

高校坚持专业化原则的具体表现在于以下三点。第一，促进科学研究和学科发展两方面工作内容的专业化。高校应深入推进具有中国特色的创业学研究工作，建立健全创业学理论体系，为推动学科的专业化发展提供理论基础。第二，注重组织建设工作的专业化。在创新创业实践活动开展过程中，高校应当建立专业化的组织机构，专门从事理论研发工作、教育方案的实施与反馈工作等，并对其实施专业化的管理。第三，推进教师教学水平与业务素质能力的专业化。高校应当建立专业化的教师选拔聘任机制，为高等教育阶段创新创业精神培育工作的开展选拔与培养理论基础夯实、实践经验丰富的教师。

3. 主体性原则

所谓主体性原则，是指高校在开展大学生创新创业精神培育工作的过程中，要坚持大学生的主体地位。具体说来，首先需要加强大学生自身的主体意识，大学生主体意识的具备对其学习活动的展开发挥着极为重要的作用。主体意识既是学生学习的内在动机，也是学生进行学习活动的根本力量。因此教师应当为学生创造或提供独立的学习环境，以使其学习的内在动力能够获得最大限度的激发。其次，教师在创业精神培育过程中需要尊重大学生的主体意识以及其个性化特征。每个大学生都是独立的个体，而独立个体的个性必然存在差异，因此教师应当尊重学生的个性化特征，并在推进个性化教育的过程中注重联系我国当前社会需求多元化的现状，客观而全面地对学生进行分析与定位，为学生提供个性化的职业咨询服务。

4. 理论与实践相结合原则

理论与实践之间是辩证统一的关系，理论可以指导实践，实践活动离不开理论的指导，离开了实践的纯理论是没有生命力的，因此，在创业精神的培育过程中也要注重理论与实践两个方面的结合。若说理论知识是开展创业精神培育工作的基础，那么创业实践活动则发挥着激发与强化创业精神的作用。因此大学生不仅要具备充足的创业理论知识，还要有投身创业实践活动的热情，在将自己所掌握的理论知识应用于实践的同时，还可以用实践检验之前所掌握的理论知识并使其在不断的实践探索中获得发展。大学生只有将理论与实际结合性地应用于自身创新创业的过程之中，才能够将期间所获的知识与经验内化为自身的素能。

（三）完善教学科研体系增强创业精神

深化教育体制改革，更改课程设置，将创业精神培育课程正式纳入高校的课题体系以使大学生的知识结构得到优化。就当前创业精神培育工作的开展状况而言，高校通常是以非教学活动作为该项工作的落脚点的，这样一来就导致了创业精神因未能够成为正规教育内容而不受师生重视的结果，大学生只能在创业交流平台上获取相关知识信息，在创业实践活动中使自身的创业能力得到一定程度的提升而已。针对这一情况，高校应当正式将创业精神培育工作的目标纳入教学方案之中，通过开展相关教学活动使大学生能够系统地掌握创业理论知识，并有意识地不断提升自身的创业知识与创业技能，习得并在其生活的各个方面都积极地发扬创业精神。具体做法如下：一方面，高校可以通过创业通识课的开设在大学生群体中普及创业精神与理念，使其知识结构得到进一步的优化，激发其创业精神的形成，使其积极地投身于创业实践活动；另一方面，高校可以针对有创业兴趣和意向的特殊群体设置专业化的创业培育课程，使他们在相关理论知识、具体案例的学习与分析过程中不断提升自身的相关知识储备，并在创业实践活动的参与过程中不断提升自己的创业能力。就专业化教育工作而言，高校可以采取的具体措施有：在教育内容层面，高校可以将创业精神的理念，如创新、实干等融入创业教育的教学内容中去；在教育实践层面，高校可以通过调节创业实践环节在创业教育工作中所占有的比重来引导学生，使其在创业实践活动的参与过程中不断强化自身创业意识并提升自己的创业能力。除此以外，高校还应当重视专业化课程与其他相关课程的联系性与统一性。对原有的课程体系进行改革并不意味着将它彻底地打破，而仅仅是指将创业精神的培育内容融入原有的体系当中。

从科研的角度来说，高校则需深化其针对创业学的研究工作。创业学学科的建设工作要以坚实的理论为基础，然而就当前形势看，我国关于创业精神的研究多是学者借鉴国外的理论研究成果，而没有联系我国自身的政治经济情况，因此，根据我国的客观实际情况探索出一套完全适用于自身的创业战略理论体系成了当务之急。研究者应当致力于研究方法的不断改进，促进其科学性、规范性以及严谨性的不断提高。存在于目前高校研究体系中的一种情况是：一方面，实验研究是自然科学的研究重点，研究以数字表明自身的重要性及可行性；另一方面，对理论先进性及学理性的研究一直是社会科学研究工作的重点，相对地，对社会问题研究方法的研究则一直受到限制。创业精神培育和创业教育的研究工作涉及的学科领域众多，不仅包括教育学、经济学、管理学，还包括社会学及心理学等。具有中国特色的创业精神研究框架体系的建立离不开贯穿于研究过程始终的科学研究方法及严谨的研究态度，此外，高校对创业学理论的研究还需与不断变化的国情社情相结合，并善于向国外借鉴其成熟的理论及经验。

从师资队伍的建设方面来说，高校要致力于教师创业精神的提升工作，从而使教师队伍结构得到优化。具备创业精神及能力的教师队伍是高校创业精神培育工作得以顺利展开和平稳推进的根本力量所在，然而在传统的教学模式当中，专业课教师仅仅注重大学生专业素质的提升，创业课程的教师只注重理论知识的传授，这样一来，创业精神培育及创新创业教育工作的需求便得不到满足。因此，提升高校教师对创业精神培育工作的重视程度成为大学生创业精神培育工作中的一项首要任务。无论是在国家还是在高校层面，都应致力于对教师队伍创业精神的培训工作，使教师的教育教学观念能够不断获得更新，此外，这还有利于教师教学方法的创新及教学思路的拓宽等。高校创业教师在开展教育教学的过程中应始终坚持以促进人的全面发展为教育目标，形成并贯彻教师作为主导、学生作为主体和训练作为主线的教学方式。与此同时，高校应当建立并强化与校外社会组织的联系，增加创业学专业教师的实践经验，并从校外聘请具有成功创业经验的企业家等作为创业课程的兼职教师，从而使创新创业教师队伍既具有知识理论水平，又富有实践活动经验。

除此之外，根据国家在十八届三中全会上提出的教育评价方向与要求并结合自身实际情况，高校应当将创业精神纳为教学科研评估工作中的一项重要指标，不断完善创业精神培育工作的评价体系。与此同时，高校应就创业精神培育问题在学生群体中展开调查研究工作，在建立健全相关评价体系的基础上，进一步完善反馈机制，以使教学科研体系得到优化。

（四）完善组织服务体系激发创业精神

创业精神培育工作得以开展的主要阵地便在于高校的课堂教学，与此同时，创新创业实践平台是课堂教学内容获得应用的场所，因此，创新创业实践平台等组织在大学生创业精神的培育与创业能力的培养过程中占有极其重要的地位。正因如此，高校应当致力于以下三种创业组织平台的建设工作，并定期在平台上开展组织举办一些富有创意的活动以激发大学生的创新创业热情。第一，高校要以实现创业教育的学科化为目标，致力于建设创新创业理论研究中心，召集国内外专家，就与创新创业相关的理论展开深入研究。就当前情况来看，创业创业教育的理论知识尚未形成体系，存在着针对性与专业性缺失的问题，因此高校要以建构并完善具有中国特色的创新创业知识理论体系为目标，并且结合高校自身的实际情况来制定创业教育的计划与方案。第二，高校要按照创业精神培育工作的实施方案，切实贯彻研究中心制定的创业教育相关政策，举办相关活动与竞赛，并相应地为其制定鼓励政策，为大学生的创新创业实践活动提供资金支持、技术培训、咨询服务及各类必要的指导。第三，高校要负责建立学校与社会组织，如企业、协会等之间的交流平台，为大学生与成功企业家提供近距离交流的可能与机会，开掘并整合各类优势社会资源，为大学生提供实习基地，为大学生的创业实践活动提供技术、资金等各方面的支持。以开展组织建设为手段，为创业精神培育的实践活动提供“创业学研发—创新创业计划—实地创新创业活动—持续性扶持”系统化服务。通过参与创新创业活动，大学生不仅能够体验和把握社会的实际运行规律，积累与创业相关的知识与实践经验，而且能够培养起不畏艰难、追求卓越的创业精神和勤于实践、敢为人先的创业品质。

（五）营造创业环境传承创业精神

作为培养创业精神重要载体的高等院校，其校园环境具备一定的创业氛围，一方面能够潜移默化地对大学生产生影响，有助于其创业精神的形成与发展；另一方面，还能够帮助大学生产生创业的热情，提升其创业的能力。首先，校园创业文化氛围的营造必须依赖于全体师生及员工的努力，从而促进全方位创业氛围的形成；其次，高校还需要以创业精神为核心并围绕着这一核心组织开展既富有学术思想性又不失休闲娱乐性的校园文化活动，从而使大学生的创新思维与精神获得激发；最后，高校还需通过应用现代媒体等手段着力于打造创造信息的共享平台，在使校园文化环境呈现包容态势的同时也不失严谨的学术底蕴。创业精神的发展与传承既离不开宣传力度的加大，也需以开放、包容的校园文化氛围为基础。在宣传方面，学校可以利用宣传栏、广播站等渠道，在偶记创业相关知识的同时，还可以宣传国家最新相关政策等，从而使大学生群体的创业热情得到激发。创业精神培育工作并非成于一朝一夕之事，而是一项长期性工作，成功打造一个具有创业氛围的校园环境也需要经历一个过程。因此高校需要让创业精神渗透进学生的日常生活和学习中，使其能够全面地覆盖校园。

高校创业教育工作的展开离不开教育经费的支持，在教育经费紧张的形势下，高校则需发扬创业精神，以开源节流的方式确保大学生创业精神培育工作的顺利展开。所谓开源，是指高校通过挖掘与争取社会资源的方式为学校创业教育工作的展开提供经费与技术服务支持；而所谓节流，则是指高校通过强化学校内部管理的方式，使教育经费的使用效益得到提高。

参考文献

[1] 王占仁，刘海滨，李中原. 众创空间在高校创新创业教育中的作用研究——基于全国6个城市25个众创空间的实地走访调查[J]. 思想理论教育，2016（2）.

[2] 乔辉，吴绍棠. 众创空间对创业孵化器功能影响研究[J]. 商业经济研究，2016（5）.

[3] 雷海栋. 高校“互联网+众创空间”创业教育模式探讨[J]. 安徽农业科学，2016（7）.

[4] 王迷迷，郝立，姜昌金. 众创空间发展对高校创新创业生态的影响探讨[J]. 信息技术与信息化，2016（4）.

[5] 屈顺利. 众创空间视阈下大学生创业教育模式[J]. 科技创业月刊，2016，29（4）.

[6] 汪群. 众创空间创业生态系统的构建[J]. 企业经济，2016（10）.

[7] 浙江省团校课题组. 从“创客”到“创业”：高校众创空间创业生态圈的构建[J]. 青少年研究与实践，2016，31（4）.

[8] 谢和平. 以创新创业教育为引导全面深化教育教学改革[J]. 中国高教研究，2017（3）.

[9] 徐小洲，倪好. 社会创业教育的发展趋势与策略[J]. 高等教育研究，2017（2）.

[10] 黄扬杰，黄蕾蕾，李立国. 高校创业教育教师的创业能力：内涵、特征与提升机制[J]. 教育研究，2017（2）.

[11] 经卫国，朱爱胜. 国外高校创业教育的现状、趋势及启示[J]. 黑龙江高教研究，2017（2）.

[12] 邵文明. 创新驱动背景下的创业教育路径探析[J]. 继续教育研究，2017（1）.

